A arte de
parar o
tempo

Dados Internacionais de Catalogação na Publicação (CIP)
(Câmara Brasileira do Livro, SP, Brasil)

Shojai, Pedram
  A arte de parar o tempo : a prática da atenção plena para pessoas ocupadas / Pedram Shojai ; tradução Maria Elizabeth Hallak Neilson. – 1. ed. – Petrópolis, RJ : Editora Vozes, 2021.

  Título original: The art of stopping time
  ISBN 978-65-5713-155-8

  1. Autoajuda 2. Comportamento social 3. Tempo – Administração 4. Vida espiritual I. Título.

21-60701   CDD-304.23

Índices para catálogo sistemático:
1. Tempo : Administração : Comportamento social : Sociologia   304.23

Aline Graziele Benitez – Bibliotecária – CRB-1/3129

PEDRAM SHOJAI, DMO

A arte de parar o tempo

A PRÁTICA DA ATENÇÃO PLENA PARA PESSOAS OCUPADAS

Tradução de Maria Elizabeth Hallak Neilson

Petrópolis

© 2017 by Pedram Shojai.

Tradução realizada a partir do original em inglês intitulado
The Art of Stopping Time – Practical Mindfulness for Busy People

Direitos de publicação em língua portuguesa – Brasil:
2021, Editora Vozes Ltda.
Rua Frei Luís, 100
25689-900 Petrópolis, RJ
www.vozes.com.br
Brasil

Todos os direitos reservados. Nenhuma parte desta obra poderá ser reproduzida ou transmitida por qualquer forma e/ou quaisquer meios (eletrônico ou mecânico, incluindo fotocópia e gravação) ou arquivada em qualquer sistema ou banco de dados sem permissão escrita da editora.

CONSELHO EDITORIAL

Diretor
Gilberto Gonçalves Garcia

Editores
Aline dos Santos Carneiro
Edrian Josué Pasini
Marilac Loraine Oleniki
Welder Lancieri Marchini

Conselheiros
Francisco Morás
Ludovico Garmus
Teobaldo Heidemann
Volney J. Berkenbrock

Secretário executivo
João Batista Kreuch

Editoração: Elaine Mayworm
Diagramação: Sheilandre Desenv. Gráfico
Revisão gráfica: Lorena Delduca Herédias
Capa: Érico Lebedenco

ISBN 978-65-5713-155-8 (Brasil)
ISBN 978-1-62336-909-5 (Estados Unidos)

Editado conforme o novo acordo ortográfico.

Este livro foi composto e impresso pela Editora Vozes Ltda.

À minha família maravilhosa: Elmira, Sol e Sophia.
O meu maior desejo é parar o tempo e estar com vocês.

SUMÁRIO

Introdução, 11

Dia 1 Plantando o seu jardim da vida, 17

Dia 2 Tempo de gratidão, 19

Dia 3 Natureza, 21

Dia 4 Tempo de e-mails, 23

Dia 5 Quando sair de circulação, 25

Dia 6 Tempo ansioso, 27

Dia 7 Reservando tempo na sua agenda para você, 29

Dia 8 Malhação, 31

Dia 9 Digerindo pensamentos, 33

Dia 10 Tempo à mesa do escritório, 35

Dia 11 Tempo de sonhar, 37

Dia 12 Quando menos é mais, 39

Dia 13 Dividindo o tempo, 41

Dia 14 Digerindo emoções, 43

Dia 15 Hora das refeições, 45

Dia 16 Terremotos do tempo, 47

Dia 17 Não fazendo nada, 49

Dia 18 Desaceleração do tempo, 51

Dia 19 Cortando pessoas que sugam o seu tempo, 53

Dia 20 Os grandes acontecimentos da vida, 55

Dia 21 Tempo para a família, 57

Dia 22 Hora de digerir, 59

Dia 23 Podcasts e audiolivros, 61

Dia 24 Comunicação, 63

Dia 25 Lidando com a lista de tarefas, 65

Dia 26 Quando fazer todo o possível, 67

Dia 27 Tempo eterno, 69

Dia 28 Tempo para recuperar o fôlego, 71

Dia 29 Sabedoria do leito de morte, 73

Dia 30 Jardinagem, 75

Dia 31 Estrutura vem antes do trabalho, 77

Dia 32 Escutando o barulho, 79

Dia 33 Tempo com os pés no chão, 81

Dia 34 Sorria, 83

Dia 35 Beber do infinito, 85

Dia 36 Reduzindo os compromissos existentes, 87

Dia 37 Revirando o local de trabalho, 89

Dia 38 Sonhando acordado, 90

Dia 39 Auditoria do tempo, 92

Dia 40 Tempo e dinheiro, 94

Dia 41 Oração, 96

Dia 42 As pessoas marcham em diferentes velocidades, 98

Dia 43 Decisões de compra, 100

Dia 44 Hora da cadeira, 102

Dia 45 Aprecie este lugar, 104

Dia 46 Arrancando ervas daninhas do seu jardim da vida, 106

Dia 47 Música, 108

Dia 48 Tempo de qualidade com a família, 110

Dia 49 Tempo e tecnologia, 112

Dia 50 Instaurando rituais, 114

Dia 51 Parando para fazer amor, 116

Dia 52 Hora do telefone, 118

Dia 53 Relaxe a nuca, 120

Dia 54 Dia de folga das mídias sociais, 122

Dia 55 Respirar profundamente cinco vezes, 124

Dia 56 Relaxamento progressivo, 126

Dia 57 Estações do ano, 128

Dia 58 Decisões reativas, 130

Dia 59 Suar, 132

Dia 60 Tempo sob a luz do sol, 134

Dia 61 Hora do chá, 136

Dia 62 Tempo junto ao fogo, 138

Dia 63 Tempo e luz, 140

Dia 64 Intervalos regulares diariamente, 142

Dia 65 Hora da chuveirada, 144

Dia 66 Os anéis de uma árvore, 146

Dia 67 Construindo um legado, 148

Dia 68 Hora da cama, 150

Dia 69 Quantos batimentos cardíacos ainda me restam?, 152

Dia 70 Hora do banho, 154

Dia 71 Hora do cárdio, 156

Dia 72 Tempo em meio à escuridão, 158

Dia 73 Obtendo ajuda, 160

Dia 74 Tempo num lago, 162

Dia 75 Observando os pássaros, 164

Dia 76 Tempo no carro, 166

Dia 77 Tempo e ganho de peso, 168

Dia 78 Tempo junto de uma árvore, 170

Dia 79 Sua lista do que fazer antes de morrer, 172

Dia 80 Hora para curar o corpo, 174

Dia 81 Voto de silêncio, 176

Dia 82 Permutando o tempo, 178

Dia 83 Tempo sob a luz da Lua, 180

Dia 84 Aprendendo com os rastros dos animais, 182

Dia 85 Quando o sono é pouco, 184

Dia 86 Tempo para ler, 186

Dia 87 Hora do lanche, 187

Dia 88 Tempo para os vizinhos, 189

Dia 89 Relaxamento total, 191

Dia 90 Voltando a luz da consciência para dentro de si, 193

Dia 91 Libertando o tempo aprisionado, 195

Dia 92 Acontecimentos traumáticos, 197

Dia 93 Você estará adubando flores, 199

Dia 94 Tempo perdido, 201

Dia 95 Tempo criativo, 203

Dia 96 Tempo com as estrelas, 205

Dia 97 Tempo de contato ocular e de contato face a face, 207

Dia 98 Tédio, 209

Dia 99 Esperando, 211

Dia 100 Tempo ROI, 213

Conclusão – Adentrando na prosperidade do tempo, 215

Agradecimentos, 217

INTRODUÇÃO

Este é um livro sobre a vida louca que levamos, em que o tempo é sempre escasso.

Todos nós nos surpreendemos correndo atrás do tempo, no entanto, de alguma maneira, a cada ano, ele parece nos escapar um pouco mais. Achamo-nos demasiadamente cansados para pensar, plugados demais para conservar o foco e não tão eficientes como gostaríamos. A culpa de não passarmos tempo suficiente junto das pessoas que amamos nos assola.

Esta nossa percepção da escassez do tempo vem acompanhada pela epidemia de estresse que se alastra no mundo moderno, um estresse que desencadeia a sensação de que as paredes estão se fechando ao nosso redor, algo que não colabora, em nada, para aplacar nossa inquietude quanto ao tempo. Descobrimo-nos imersos numa cultura que, havendo perdido o rumo e o prumo, anda completamente *desnorteada* diante da falta de tempo.

Trata-se de uma preocupação justificada, visto ser o tempo a moeda corrente da vida. Dispomos de uma quantidade limitada de batimentos cardíacos para apreciar a vida e verdadeiramente saboreá-la. O tempo com a família, com nossos entes queridos e *pets*, além das horas cultivando *hobbies*, são preciosos e os valorizamos. Também trocamos tempo por dinheiro, que nos compra moradia, comida, férias, e paga a faculdade de nossos filhos. Se quisermos, podemos esbanjar nosso dinheiro e o nosso tempo, e depois é como se ambos nunca houvessem existido.

Desenvolvemos problemas de saúde quando menos conscientes da fluidez do tempo. Então desejamos voltar atrás para consertar as coisas. O tempo é tudo o que possuímos, a dádiva mais valiosa a nós concedida. Quando se esgota, bem, é fim de jogo. Sim, podemos *olhar para trás*, todavia é impossível voltar atrás.

Quando não mantemos uma ligação positiva com o fluxo do tempo, carecemos de propósito. Perambulamos a esmo, desperdiçando inconsequentemente a cota de tempo que nos cabe, apenas para nos arrependermos mais tarde. Ficamos tão perdidos no tempo que nem atinamos a importância de olhar para o futuro e refletir sobre o impacto das decisões tomadas no presente.

Esta é uma realidade não somente individual, mas social. Nossos maiores problemas políticos e ambientais resultam da nossa relação pessoal com o tempo, atualmente deteriorada. Não conseguimos desacelerar. Não conseguimos deixar de consumir e poluir.

Todos nós sabemos quão grande é a nossa fome de tempo. Não obstante, que atitudes concretas adotamos a respeito? Pouquíssimas.

Este livro destina-se a mudar esta conjuntura e nos reconduzir a uma conexão mais saudável com o tempo.

Ao ajustarmos a nossa relação com o tempo, ao detectarmos o nosso eixo, somos capazes de nos assenhorear de nossos compromissos e repriorizar como, onde e com quem devemos gastar o nosso precioso tempo. Num mundo onde tudo está à nossa disposição, sendo-nos ofertado numa torrente infinita de informações e oportunidades, é nosso o ônus de controlar os portais de acesso e nos apossar do nosso tempo. Nossa energia, dinheiro e tempo estão vinculados de formas que sequer cogitamos. Este livro nos ensina como perceber essa convergência por meio de uma metodologia simples, fácil de seguir e comprovada. Tenho auxiliado milhares de pessoas a se converterem em *monges urbanos* e, assim, usufruírem de mais tempo e de paz.

Meu objetivo é direcionar você para o que chamo de *prosperidade de tempo*, o que significa dispor de tempo bastante para realizar tudo aquilo que você almeja sem se sentir oprimido, estressado, sobrecarregado ou pressionado. A prosperidade de tempo nos proporciona paz, nos possibilita tomar decisões mais acertadas, desfrutar de mais saúde, passar mais tempo com a família e reorganizar as nossas prioridades, permitindo-nos recuperar o sentido de plenitude e intento. Se você controla a sua relação com o tempo e alcança a prosperidade de tempo, o nível de estresse diminuirá, sua energia aumentará, a sensação de satisfação se expandirá e você terá, realmente, condições de fazer muito mais.

Logo, como atingir a prosperidade de tempo? Aprendendo a *parar o tempo*. No decorrer deste livro, proponho-me a guiar você ao longo de exercícios espirituais milenares e de habilidades da vida prática que, ao nos conectarem com a nossa sabedoria inata, ao nos induzirem a assumir o controle de nossas agendas e desenvolver limites sólidos ao redor do comprometimento com o tempo, ajudam-nos a detê-lo. Pense nisto como a prática do gerenciamento consciente do tempo.

O ponto central deste livro, através do qual tenciono conduzir você, é um processo denominado *Gong de 100 dias*. Baseado numa antiga técnica chinesa, o *gong* é uma quantidade determinada de tempo destinada à execução diária de uma tarefa específica. Você escolhe uma prática – ou uma série de práticas –, a(s) designa como o seu *gong* e a(s) cumpre com presteza todos os dias, sem falta, pelo período estipulado. Isto não só forja nossa resolução, como nos obriga a sair do torpor que nos enreda e a prestar atenção à nossa rotina habitual. Sabemos que os micro-hábitos cotidianos nos encaminham para a vida que levamos agora. Efetuar mudanças – pequenas e simples, porém significativas – durante um período mais prolongado é o meio de progredir. Mude um pouco aqui e ali e, consequentemente, a vida deslancha de maneiras maravilhosas. O *gong* é uma ferramenta poderosa não só para sedimentar a resolução, como assegurar que treinemos com regularidade; é um ato dedicado de amor-próprio que nos arranca da espécie de transe em que vivemos e projeta a luz da percepção na nossa consciência. Quanto mais o praticamos, mais conscientes e plenos nos tornamos.

Em razão da necessidade de pelo menos 90 dias para um bom hábito ficar impresso no nosso sistema nervoso, tenho constatado que, na prática, o *Gong de 100 dias* constitui o de duração mais adequada. Considere-o um ritual de 100 dias que contribui para que novos hábitos lhe sejam inculcados. Todos nós precisamos de rituais que nos desarraiguem da irreflexão do estilo de vida moderno e nos lancem numa conexão mais profunda, onde a verdadeira mudança pode acontecer. Em vez de pedir a alguém muito ocupado, à beira de um colapso, para *acrescentar mais alguma coisa* à sua vida caótica, iremos acionar algo em que essa pessoa já esteja engajada e propiciar uma troca que favorecerá a liberação de mais tempo e energia a cada dia. Nossa meta é promover participação, descontrair e alterar levemente um hábito estabelecido através da oferta de uma alternativa melhor. Agindo deste modo, dia após dia, rotinas mais satisfatórias vão sendo criadas.

Algumas práticas persistirão, outras não. É assim mesmo. O principal é, lenta e suavemente, disponibilizar mais tempo e, portanto, infundir mais energia e entusiasmo na sua vida através do *gong*. Você perseverará na execução de algumas propostas, ou talvez só venha a abraçá-las daqui a anos. Não importa. O fato é que esta jornada de 100 dias irá, essencialmente, transformar o seu relacionamento com o tempo, energia, dinheiro, pessoas e com a própria vida.

Em capítulos curtos, cada dia oferece uma lição rápida e um plano de ação. E pronto. Algumas lições focam em atividades específicas às quais você provavelmente gostaria de ter tempo para se dedicar. Outras se concentram nos meios em geral de angariar mais tempo para usá-lo conforme lhe aprouver. Presume-se que algumas dessas lições lhe parecerão fáceis, enquanto outras provocarão abalos no âmago do seu ser. Após 100 dias, a vida será diferente. Você será diferente e o seu relacionamento com o tempo – e, por conseguinte, com sua vida – terão se transformado, fundamentalmente, para melhor.

A forma ideal de manusear este livro é lendo-o da primeira à última página durante 100 dias consecutivos (Sim! Isto significa começar agora!) e executar a ação proposta a cada dia. À medida que você avança, ficará claro que certos fatores o estão acompanhado neste percurso. É possível que num dia você tenha percepções tão avassaladoras que o seu jeito de fazer uma determinada coisa se modifique por completo. Contudo, haverá dias nos quais a sua afinidade com a ação sugerida não será profunda. Tudo bem. Siga em frente, dia após dia, e observe quais hábitos você assimila ao longo da caminhada. Faça anotações nas páginas do livro, como quem escreve um diário. Sublinhe frases no texto. Este trabalho é o *seu* processo. É a sua sabedoria intrínseca que está sendo sondada e acessada. Documente a progressão.

Uma vez terminados os 100 primeiros dias, recomendo que você se habitue a reler algum trecho aleatório deste livro diariamente. Vamos denominar o exercício de *Roleta Gong*. Tenha-o sempre por perto, abra um capítulo ao acaso e transforme-o no *gong* daquele seu dia. Já havendo tido contato com a prática apresentada – ao cumprir a empreitada dos 100 dias iniciais –, esta será uma oportunidade de revisitá-la. Ao retornar a um capítulo, você jamais será a mesma pessoa de antes, o que lhe possibilitará aprender mais sobre a sua trajetória como ser humano neste planeta durante o desenrolar da sua jornada pessoal.

Agora vá viver a sua vida e praticá-la. Vamos pôr mãos à obra. Temos 100 dias juntos, começando hoje!

DIA 1

Plantando o seu jardim da vida

Hoje vamos olhar para a vida através do prisma de uma metáfora natural. Imagine sua vida como um jardim. Além do estoque limitado de água, é crucial haver espaço para que cada uma das plantas floresça. Do seu ponto de vista, algumas dessas plantas podem ser maiores e mais importantes do que outras. De algumas você nem gosta, mas é obrigado a mantê-las ali.

Pondere sobre o que é importante para você. O que você plantaria no Jardim da sua Vida? Família? Carreira? Saúde? Relacionamentos? Música? O que é essencial na sua vida?

Liste os itens e em seguida reflita sobre quanta energia é necessária para sustentar o crescimento de cada planta. Pense na sua energia como a água imprescindível à nutrição e ao cultivo de cada planta, uma energia cuja moeda corrente é tempo, esforço, força de vontade e atenção. Para nutrir adequadamente cada planta, o que seria preciso? Para vicejar, algumas talvez exijam muito mais tempo e energia do que outras. Leve isto em consideração. Carros novos são caros. Se o seu objetivo é comprar um, ganhar mais dinheiro é imperativo – o que significa mais água direcionada para a área da carreira, seja desviando recursos da família ou de uma outra esfera qualquer. Analise, fria e objetivamente, aquilo que você *afirma valorizar* e então o concilie com a quantidade de água gasta – tempo, energia, atenção, dinheiro, foco – para conservar uma determinada planta feliz e saudável. Você consegue preservar certas plantas enquanto, movido pelas circunstâncias, canaliza o fluxo da água para outras?

Seja realista sobre quantas plantas você necessita regar e cultivar. No seu jardim, há espaço para de cinco a dez plantas, e só. Previna-se contra quaisquer plantas novas que possam se imiscuir sorrateiramente no seu jardim e arranque as que estão sugando recursos valiosos daquelas mais importantes. Considere-as ervas daninhas. Esta atitude, que demanda foco e dedicação, é de extrema importância. Ao dizer sim para algo novo você está, efetivamente, dizendo não para as plantas já existentes. Logo você se descobrirá irrigando ervas daninhas recém-chegadas em detrimento das plantas que você costumava julgar primordiais em sua vida. Por acaso isto lhe soa familiar?

Tal prática ajudará você a se tornar mais consciente. É fundamental definir um jardim da vida e utilizá-lo como um filtro para analisar a possibilidade de novas plantas criarem raízes. Será que uma das recém-chegadas é pertencente ao gênero de outra já existente? Em caso afirmativo, quanta água a novata sugará das demais? Você tem condições de arcar com a mudança? Trata-se uma planta completamente nova? De onde você tirará água para regá-la? Será esta a melhor maneira de empregar os seus recursos? Não minta para si mesmo.

Qigong significa *trabalho energético*: *qi* = energia, *gong* = trabalho. É o aprimoramento da energia pessoal através de uma prática iogue. De fato, valemo-nos do termo *gong* para explicitar a prática apresentada neste livro.

Ao longo do tempo, com o auxílio do *qigong* e da meditação, você terá acesso a mais energia, força pessoal e clareza. Isto o ajudará a extrair mais água para as plantas já existentes ou para as recém-chegadas. Todavia, por ora, presuma que a sua água – energia, tempo e foco – se restringe ao estoque atual. Diante de tal conjuntura, como você irá distribuir a água a fim de que cada planta se desenvolva? Sejamos objetivos sobre para onde você deseja canalizar essa água e avaliemos se é o que está ocorrendo. Caso contrário, partamos para os ajustes.

Utilizar a metáfora do jardim da vida pode auxiliar você a ser sincero a respeito do seu grau de comprometimento – manifestado em tempo e energia – com as suas ocupações. Assim, além de não cometer excessos, você, simultaneamente, evita o estresse e o arrependimento decorrentes de não conseguir fazer o que deve ser feito.

Quando alinhamos as nossas metas aos nossos planos, conectamos o nosso foco e força de vontade a fim de que as coisas possam dar certo.

DIA 2
Tempo de gratidão

Hoje vamos desacelerar e tirar algum tempo para agradecer pelo que temos. A gratidão é um excelente remédio e este é sempre um tempo bem empregado, pois contribui para aliviar o estresse e construir energia positiva, o que viabiliza uma perspectiva ampla da vida.

Quando foi a última vez que você fez isso? Você está estruturado para ser grato, ou é algo que precisa se esforçar para lembrar? Praticar a gratidão é saudável. Ajuda a pincelar de otimismo e esperança a nossa visão de mundo. Aqueles que a praticam – as múltiplas pesquisas o atestam – são consistentemente mais felizes.

O que tende a suceder com pessoas que estão deprimidas e paralisadas é um fenômeno denominado empilhamento. É quando alguma coisa negativa acontece conosco e associamos esse evento isolado a uma série de outros episódios isolados "ruins", criando, assim, uma narrativa pessimista.

Digamos que você tropece e deixe cair o celular. Pessoas inclinadas ao empilhamento logo se põem a desfiar suas lamúrias: "Isso sempre acontece comigo; tenho um azar danado; nunca me esqueço de como fiquei constrangido quando levei um tropeção na faculdade", e a lengalenga continua. Basta chegar uma conta para que a lembrança de todos os seus infortúnios financeiros aflore; ou uma trivialidade qualquer, como o seu time perder um jogo, é suficiente para deslanchar a história de como você se casou com a pessoa errada.

Embora não faça sentido, somos propensos a agir dessa maneira. Trata-se de uma espiral descendente que nos arrasta para a ladainha "minha vida é uma droga", atitude que, além de nada nos servir, nos reduz a alguém pouco divertido de se ter por perto.

Gratidão é um antídoto maravilhoso contra tal tendência. E hoje iremos exercitá-la. Pegue uma folha de papel, ou o celular, e liste tudo aquilo – seja o que for – pelo qual você é grato: seus filhos, seu gato, suas realizações, um almoço recente e delicioso, as nuvens no céu. Simplesmente escreva o que lhe vier à mente.

Dedique no mínimo 10min, ininterruptos, a esta tarefa. Ainda que lhe pareça tola, não a interrompa, continue expandindo a lista. Talvez demore alguns instantes até que lhe ocorram algumas coisas. Não importa. O próprio ato de lembrar-se lhe confere um poderoso valor terapêutico e espiritual.

Terminada a listagem, pare e pergunte a si mesmo como se sente. Como você se sentia antes de iniciá-la? E depois de encerrá-la? Alguma diferença? Anote as suas impressões.

No decorrer do dia, guarde a lista consigo. De vez em quando, dê uma olhada no que você escreveu. Detenha-se em qualquer um dos itens que arrebate a sua atenção e permita que a gratidão inunde sua alma. Entregue-se ao *sentimento* de gratidão que lhe é inspirado por qualquer um dos elementos da sua lista. Aqueça-se no seu calor e se deixe inundar por sua luz.

No fim do dia, retorne ao ponto inicial e analise como se sentiu pela manhã em comparação a como está se sentindo agora. Alguma diferença? A probabilidade é que haja uma diferença sim, com certeza, a despeito de sutil. Caso você tenha gostado dos efeitos desta prática, conserve a lista até amanhã e complemente-a. Aliás, vá acrescentando novos itens à medida que estes afluam e converta a lista num rol crescente do que incita a sua gratidão. Quanto mais for adicionado, de maior valia sua lista será. Com o tempo, esta prática transformará radicalmente a sua vida e mudará o seu ânimo em relação a todas as coisas. Ao serem afastados os atritos nos é possível viver num espaço mais saudável e intemporal.

DIA 3

Natureza

A lição de hoje é simples: saia e aprenda com o professor supremo. A natureza é a nossa luz-guia quando se trata de ciclos e ritmos, pois opera num perfeito fluxo e refluxo de princípios que se contrapõem. Calor e frio se equilibram com luminosidade e escuridão. Crescimento e declínio são claramente percebidos nos ciclos do ano, assim como nascimento e morte. A natureza traz em si toda a sabedoria de que você carece, compactada e em plena vista.

Nós simplesmente temos nos esquecido de olhar o que nos cerca.

A prática de hoje é sair e passar algum tempo de quietude em meio à natureza. Ainda que você só tenha acesso a um parque público, ou ao gramado de um prédio de escritórios, estou convicto de que haverá algum lugar que se assemelhe ao mundo natural à sua espera, se você estiver de olhos bem abertos para enxergá-lo. Refugie-se ali.

Sente-se num local confortável e respire profundamente, soltando e expandindo a musculatura do baixo ventre. Respirando devagar, relaxe e mergulhe nos sons à sua volta. Sinta o vento em sua face. Se possível, tire os sapatos e friccione os dedos no pó. Caso possa desfrutar do prazer de submergir-se, cubra o corpo inteiro de argila, ou se enterre na areia da praia. Rompa a barreira e permita à majestade da natureza tocá-lo e inundar os seus sentidos.

As árvores chegam a ser centenárias, mas os seixos sob os seus pés têm milhões de anos. De onde vieram esses pedregulhos? Seriam fragmentos de uma enorme rocha existente em outras eras? Como vieram parar aqui?

Agora observe o pó sob seus pés. Tempos atrás, certos elementos fúngicos evoluíram para fracionar rochas e criar pó. Com a chegada das bactérias, protozoários, nematoides e várias outras formas de vida, o pó começou a se transformar em solo. Isto permitiu que determinadas formas de vida absorvessem materiais inorgânicos e os tornassem disponíveis para o reino vegetal, que então deslanchou e se alastrou pelos quatro cantos do planeta. Aquelas plantas, adaptadas para sorver luz e criar energia a partir do sol, aprisionaram essa energia em ligações de carboidratos as quais se converteram no combustível que alimentaria certos animais e, avançando rapidamente muitos milhões de anos, cá está você.

A vida microscópica sob seus pés desencadeou uma longa cascata de processos que eventualmente permitiram você estar aqui como um consumidor de luz, via plantas. Se carne faz parte da sua dieta alimentar, você está captando a luz solar que os animais ingeriram através das plantas devoradas.

Vida: tudo está ao seu redor. Você está respirando-a neste exato momento, enquanto lê estas palavras. Milhões de bactérias e vírus acabam de entrar em seus pulmões e estão alojados por toda a extensão da sua pele. Eles ajudam você a interagir com o mundo natural; ajudam-no a se defender contra invasores; são parte do ecossistema do seu corpo que, por sua vez, é parte do ecossistema do planeta. Enquanto você vive o seu dia, milhões e milhões de outras formas de vida também estão vivendo suas vidas, alheias às contas que você tem para pagar, ou aos seus dramas insignificantes.

Saia para a sinfonia da natureza e observe a estranheza da escala musical. De um lado, você é este universo da vida com bactérias nas suas entranhas e na sua pele, todas interagindo como um ecossistema. Por outro lado, você é uma partícula minúscula, num planeta solitário, nas bordas de uma galáxia comum que se acha a anos-luz de distância de uma outra galáxia qualquer.

Acima e abaixo de você, tudo é estonteante, e *você* está ali, bem no meio! Você é um ponto focal onde o infinito colide em um único ponto de tempo e espaço. Como pode você compreender tudo isto? Há uma só maneira: abrir o coração e resvalar para o maravilhamento a que somos induzidos. Deste modo, não nos levamos tão a sério, o que nos auxilia a refletir sobre as questões importantes e coloca em perspectiva o lugar que ocupamos no grandioso projeto de toda a realidade existente.

Você tem um único momento aqui como a pessoa que você pensa que é. O que pretende fazer a respeito?

DIA 4
Tempo de e-mails

Os e-mails se tornaram parte integrante de nossas vidas; um poderoso meio de comunicação que rapidamente se converteu numa nova norma para empresas de todo o mundo. E-mails são ótimos. É possível anexar arquivos, fotos e vídeos com eficiência e, havendo-os enviado às pessoas, você segue em frente com a sua rotina.

Então qual é o problema? Volume. Nós nos transformamos em escravos das invenções que foram criadas para facilitar a vida. E agora nos descobrimos afogados em e-mails. Todas as lojas, concessionárias de veículos, empresas de aplicativos e vendedores de vitaminas não param de lhe mandar mensagens quase diárias. O spam virou um problemão que todos nós enfrentamos e que, pelo visto, não dá mostras de que vá sumir do mapa.

Hoje trataremos desta questão. Não tem sentido checar e-mails a cada instante que seu telefone ou computador bipar, pois isto não só o distrai da tarefa que porventura você está realizando, como o mantém desconcentrado. O que os outros desejam que você leia não o levará a passar o dia de forma produtiva. Na verdade, sempre que sua atenção é desviada, você perde o ímpeto e a clareza em relação ao que quer que esteja executando.

A proposta é definir a quantidade de tempo destinada aos e-mails. Dependendo do volume que você costuma receber, reserve dois períodos de 30min a 60min – no final da manhã e no final da tarde – para conferi-los. Este é o seu tempo dedicado a esta atividade. O ponto-chave consiste em acessar, checar e sair. Uma das maneiras de colocar esta resolução em prática é dar uma olhada rápida em todas as mensagens no período estipulado pela manhã, lidar com aquelas que podem ser respondidas nos primeiros 5min, marcar as importantes – às quais você retornará posteriormente – e deletar, ou marcar como spam, as demais. No fim do dia, caso seja inevitável, haverá outro período para tratar dos e-mails mais longos.

A propósito, você vai precisar de um bom filtro de spam para que o lixo eletrônico nem sequer apareça na sua tela. Existem inúmeros meios excelentes de alcançar este objetivo, mas cabe a você encontrar o que atende às suas necessidades em particular. Adote o hábito de marcar itens que você não escolheu receber como spam no seu programa de e-mail. Tal procedimento, além de ensinar ao *software* o que não enviar a você, ajuda a conservar a caixa de entrada limpa. Com o spam fora do caminho, verifique as principais mensagens, as merecedoras do seu tempo, não mais desperdiçando-o com aquelas intermináveis cadeias de e-mails.

O segredo do horário de e-mails é reservá-lo na sua agenda, comunicar-se com clareza – para evitar idas e vindas – e zerar tudo. Assim, nenhuma mensagem fica na sua cabeça, incomodando-o; tampouco permanece mofando sem ter sido lida, ou então respondida pela metade. O resultado mais prazeroso desta ação é o aumento de foco e concentração na tarefa que você estiver executando. Se você está elaborando um documento, não o abandone. Planilha? Legal, termine o serviço. Dirigindo? Bem, no que você estava pensando para checar o celular numa hora dessas?

A meta é preservar a clareza em relação ao seu trabalho e lidar com os e-mails nos horários designados. Reorganize sua agenda para dividir o tempo de e-mail e converta-o no seu plano para o dia. Tente repetir este procedimento amanhã e depois de amanhã também. Em algumas semanas você verá a desordem se dissipar e sua vida melhorar. Mantenha-se firme neste curso e esteja muito atento para não retroceder. Uma boa dose de disciplina será recompensadora. Talvez haja pessoas pressionando-o para que você recue no seu propósito. Tudo bem. Cumpra tudo o que lhe é exigido e realize o seu trabalho. Eficiência é fundamental. Tão logo as pessoas aprendam a entrar em sintonia com o seu novo ritmo, a diferença, em produtividade e sensatez, se difundirá ao seu redor. O ponto-chave é melhorar o que você faz através da organização do seu dia a fim de ajudá-lo e liberar o seu tempo.

DIA 5
Quando sair de circulação

Há um tempo para se assoberbar e um tempo para desacelerar. A pessoa sábia percebe em que ciclo se encontra e ajusta o seu ritmo de acordo. Todos nós temos prazos a cumprir e épocas na vida em que o tempo nos parece apertado e escasso. Se sabemos como nos proteger nessas ocasiões, é possível infundir energia, excitação e dinamismo na nossa rotina. Porém não podemos permanecer num estado de hiperatividade indefinidamente e, caso não descubramos como desativá-lo, corremos o risco de acabar esgotados emocionalmente ou consumidos. A nossa economia é construída desse jeito – como um moedor. Ao conseguir escapar desta verdadeira roda de hamster, você irá alcançar um patamar muito mais saudável da vida.

Se preso a tal estilo de vida, é prudente compreender o fluxo e refluxo desses ritmos e se dispor a ajustar a própria velocidade. Isto significa saber quando desacelerar. Talvez você ainda tenha que se deixar arrastar pela maré, mas esta lição é sobre aprender a identificar os momentos em que você tem que estar no limite de segurança recomendado e aqueles em que pode – e deve –, intencionalmente, tirar o pé do acelerador.

Hoje vamos analisar os ciclos mais importantes da sua vida atarefada. Você se acha numa fase de "intensificar os esforços para chegar lá", ou entre prazos finais? É esperado que você dê tudo de si neste exato instante, ou lhe é facultado diminuir o combustível e reabastecer suas energias? Apenas você é capaz de determinar isso.

Um dos fatores a ser levado em consideração é o seu nível atual de energia. Numa escala de 1 a 10 – sendo 10 o grau máximo – qual é o seu escore? Se for 1, então você mal consegue sair da cama e está completamente exaurido; 6 significa que você está indo bem, mas, com certeza, longe de se sentir ótimo. Qual é a sua resposta – honesta – a essas indagações?

Eis aqui o "xis" da questão: se você tirasse a sua força de vontade da equação, qual seria sua pontuação? A maioria de nós arranca energia de dentro de si para corresponder às demandas da vida. Usamos nossa força de vontade, a despeito de sobrecarregados, para nos manter operantes. Porém nossos corpos, mentes e relacionamentos estão pagando o preço. Qual é a sua pontuação – verdadeira – se a sua força de vontade for excluída?

Agora pense nesse número e reflita sobre o que você precisa fazer por si mesmo para aumentá-lo e se sentir melhor. Quando você pode desacelerar? E como?

Hoje reserve 30min para simplesmente fazer apenas o que você *sentir vontade de fazer*. Talvez tirar um cochilo, já que, em geral, a maioria de nós vive exausta. Maravilha. É um passo na direção certa, o que respeita a energia do *gong* de hoje. A partir daí comece a ponderar sobre o que mais ajudaria a trazer equilíbrio à sua vida.

Quem sabe você não consegue passar uma semana no campo? Ou desfrutar de um dia de folga de vez em quando, para relaxar num spa e recuperar o fôlego? Ou talvez você precise aprender a meditar e, pelo menos, arrefecer o rolo compressor da sua agitação diária. Cada vida é diferente e todos nós carecemos de nosso próprio elixir para atingir o equilíbrio. Qual seria o seu?

Agora, após essa análise franca dos seus níveis de energia e reflexão sobre o que pode ser necessário para que você se recupere, consulte sua agenda e reserve algum tempo ocioso para si. Saia com alguém, faça uma viagem, tire uma licença ou o que quer que seja necessário. Agende e honre o compromisso assumido. Você precisará de energia para seguir adiante com a sua saúde física e mental intactas.

Quando você vai poder parar e respirar? Anote na sua agenda hoje.

DIA 6

Tempo ansioso

O encadeamento de atividades característico do mundo moderno infelizmente fomenta em nós muita ansiedade. Passamos o tempo remoendo expectativas, frustrações, aborrecimentos e, bem, você sabe o que mais.

Portanto, por que não aproveitar esse tempo para transformá-lo em nosso mestre? Existem informações armazenadas dentro de nós que, dependendo de como estão sendo processadas, poderiam alavancar o nosso crescimento?

Quando estamos ansiosos, não raro o tempo parece voar. O fluxo sanguíneo – desviado dos órgãos internos, sistema imunológico, digestão e raciocínio mais elevado – vai para o metencéfalo, que nos diz para lutar, fugir, ou entrar em pânico. E mais uma vez, lamentavelmente, somos capturados neste círculo vicioso. Se é assim, que encaremos tais circunstâncias como uma oportunidade para a expansão da consciência.

Esquadrinhe sua mente hoje, em horários aleatórios, e indague a si mesmo se há sinais de ansiedade. Converta este exercício no seu mantra do dia. Continue perscrutando e sondando para descobrir como se sente. Ao detectar um estado que você rotularia de ansioso, o jogo começa. Estar "levemente ansioso" ou "agitado" já basta para o exercício de hoje. O ponto-chave consiste em refletir sobre alguns dados de amostra desse estado.

Ok, então você identificou um estado ansioso. E agora?

Faça esta série de perguntas a si mesmo:
- Como é essa sensação?
- É uma sensação quente ou fria?
- Em que local do corpo a experimento?
- É algo que se move?

- Sou capaz de atribuir uma qualidade a essa sensação? Por exemplo: é maçante, difusa, intensa, dolorosa?

Prossiga com uma nova série de questionamentos:
- De onde brotou essa sensação?
- Houve um pensamento, ou uma conversa, que a desencadeou?
- Quando começou?
- Sinto-me assim frequentemente quando penso sobre essa mesma situação?
- Como isso está me afetando?

O próximo passo é reconhecer como você está se sentindo e, em seguida, respirar fundo 10 vezes, concentrando-se no baixo ventre. Ponha um sorriso no rosto e alongue o corpo tanto quanto julgar necessário. Houve alguma mudança? Como você está se sentido agora?

O desafio do exercício de hoje está em isolar um momento em que você esteja se sentindo ansioso e usá-lo como *feedback* para a maneira como você vivencia o tempo e a vida em ocasiões semelhantes. Quanto maior o seu grau de consciência a respeito do que acontece, mais capaz você será de conseguir se libertar dessa sensação e, posteriormente, de evitar, antes de mais nada, as reações que conduzem a esse estado.

DIA 7

Reservando tempo na sua agenda para você

A lição de hoje é simples. Elabore uma lista de todas as coisas que você deseja fazer para si mesmo. Inclua exercícios físicos, tempo pessoal e com a família, leitura, ioga, massagem, ou seja lá o que for que você vive falando ter vontade de fazer. Escreva o que lhe vier à mente.

Verifique se a listagem está completa. Certifique-se de que reflita os seus desejos de autocuidado. Se você realizasse tudo o que enumerou, iria se sentir mais pleno? Mais descansado, calmo, mais em forma e mais feliz? O que mais precisaria constar nesse rol para você se sentir assim? Anote. Em seguida, classifique os itens de acordo com a importância que você lhes atribui, ordenando-os a partir daquele considerado o mais essencial.

Agora efetuemos uma checagem rápida da realidade. Abra sua agenda. Consulte a sua programação para esta semana – ou para uma semana normal qualquer, caso neste instante você esteja envolvido em algo totalmente atípico. O que está agendado? Quantos dos itens da sua lista aparecem, de fato, na sua programação? Há uma hora reservada para a academia? E quanto ao tempo com a família? E para a leitura? Onde essas atividades se encaixam na sua rotina diária?

Se você é como a maioria das pessoas, praticamente nenhum dos itens de autocuidado integrará o seu planejamento. Isto revela muito para o mundo e para o seu *eu* mais profundo – em outras palavras, você não prioriza tais atividades.

Eis a regra: se é importante o bastante para você, então deve ser incluído na sua programação.

Observe o que acontece com o seu tempo. O mundo sempre irá inundá-lo de notícias, informações, tarefas, eventos, solicitações, reuniões ou dramas para preencher as suas horas. *A natureza abomina o vácuo.* Sua agenda será devorada pelo caos ao seu redor, a menos que você intervenha.

Você tem que se manter firme e não abrir mão de tudo aquilo que julgar importante.

Retire hoje algum encargo da sua agenda e insira um dos principais itens da sua lista. Como é possível começar a incorporar os tópicos da sua listagem a fim de que você *tenha tempo* de cuidar de si? Quando você consegue escapulir para um treino na academia, um telefonema pessoal, um momento consigo mesmo que lhe permita sentir-se completo? A chave está em controlar a queima das suas energias. Se você adia todos os autocuidados para o próximo fim de semana, ou para as suas próximas férias, bem, já vimos aonde isso vai dar. Então como viver uma vida equilibrada *dia após dia*, que o ajude a avançar e alcançar a felicidade em longo prazo? Você a constrói.

Siga adiante e introduza os itens fundamentais em sua agenda hoje. Talvez se torne necessário adotar um posicionamento criativo, ou, caso esta semana e a próxima estejam apertadas, a colocação em prática desta proposta acabe sendo adiada. Não importa. Simplesmente registre na sua agenda. Comprometa-se de tal forma que não possa retroceder, seja efetuando um depósito em dinheiro, saindo com um amigo, ou fazendo uma anotação indelével. Essas atitudes começarão a imbuir de sensatez a sua vida. Não exagere e negligencie o seu trabalho, mas encontre um equilíbrio que você seja capaz de sustentar.

A lição primordial deste exercício é pensar nas suas necessidades e construí-las no seu dia a dia. Entretanto *nada disso funcionará a não ser que você honre o seu planejamento.* É fácil ver o treino na academia ser substituído por alguma outra obrigação quando o tempo está escasso. Retorne à sua programação original. A maioria das coisas pode esperar. Talvez você consiga deixar alguns horários vagos na agenda já antecipando a necessidade de encaixar o inesperado, ou lidar com alguma desorganização. Este é um processo para você praticar e eventualmente dominar. Honre os compromissos assumidos consigo mesmo e colherá as recompensas. Mantenha-se firme e você voltará a se sentir pleno outra vez.

DIA 8

Malhação

Hoje vamos dar uma olhada nos seus hábitos de malhar. Nos últimos anos, aconteceram muitas mudanças na nossa compreensão das atividades físicas. A mais importante, relacionada ao tempo, é que não precisamos malhar 1h por dia, cinco dias por semana, para obter os melhores resultados.

O treino intervalado de alta intensidade – conhecido como HIIT, sigla em inglês para *High Intense Interval Training* – é a moda do momento. Este treino envolve exercícios aeróbicos realizados em alta intensidade por um curto período de tempo, intercalados com momentos de descanso.

A sua lição prática de hoje começa num parque, ou num campo aberto. Aqueça-se durante 5min, alongue os quadris, os músculos na região posterior das coxas, tornozelos e torso. Sentindo-se pronto, corra até o outro lado do campo. Pare e faça de 10 a 25 flexões – dependendo do seu nível de condicionamento físico. Em seguida, corra de volta até o ponto de partida, a 3/4 da sua velocidade máxima. Faça 50 polichinelos. Descanse durante 2min, repita a sequência mais algumas vezes e então vá para casa.

De ponta a ponta, o treino deve durar uns 15min.

Este tipo de exercício empurra seu corpo para além da sua zona de conforto fisiológico atual, o que desencadeia a hormese, um estado metabólico que estimula os genes a nos ajudarem a nos desenvolver de maneira sadia. Este tipo de exercício não só auxilia a geração de novas mitocôndrias como fortalece as já existentes. As mitocôndrias são a usina de força das nossas células e, portanto, mais mitocôndrias equivale a mais energia disponível.

Talvez demore um pouco até você se acostumar com os treinos de alta intensidade em curto espaço de tempo. Não deixe de se alongar durante alguns minutos antes do início dos exercícios e pare se sentir qualquer dor nas articulações. Na verdade, é sempre melhor malhar sob a orientação de um instrutor que possa supervisionar e manter você no caminho certo da saúde. Tome cuidado.

Eis a moral da história: você não precisa dedicar seu tempo à repetição da mesma rotina na esteira entra dia, sai dia. Na realidade, atingido o nível em que seu corpo fica confortável, você não está mais obtendo resultados. Isto acena para a necessidade de se esforçar mais.

Faça um treino curto de alta intensidade, para desafiar o seu coração e os seus músculos, seguido de um período de descanso. Isto não apenas proporcionará a você melhores resultados em seus treinos, mas também irá liberar parte do tempo diário que você já reservou (assim espero) para a prática de exercícios físicos.

Superar essa mentalidade de encarar a malhação como "bater o ponto" é um grande e importante avanço na sua vida. Não é uma questão de quantidade de tempo, e sim de *qualidade*. Quão focado você está no seu treino? Você consegue respirar e desacelerar enquanto exercita os bíceps? Em caso positivo, algumas repetições firmes dão conta do recado e você pode seguir adiante com a sua vida.

Seu tempo é precioso. Se você cria uma cultura de se movimentar o dia inteiro, sua taxa metabólica de repouso não diminui. Se você evita permanecer sentado e se alonga periodicamente, fica menos estagnado. Isto contribui para que seus treinos sejam mais eficazes, o que o leva a obter melhores resultados em menos tempo. Ótimo! Agora vá tirar uma soneca, fazer amor, ou ler um livro, aproveitando o tempo extra recém-conquistado. Melhor ainda, sente-se numa almofada e contemple a natureza eterna da sua força vital. Então você será verdadeiramente livre.

DIA 9
Digerindo pensamentos

Você alguma vez já padeceu de indigestão de pensamentos? Isto acontece quando surgem algumas informações que exigem de nós ponderação e análise. Talvez você esteja às voltas com uma jornada de trabalho atribulada, ou às portas de um divórcio complicado, com suas inúmeras consequências e dificuldades. Algumas coisas simplesmente exigem um tempo maior de reflexão. Isto é natural e apropriado, tal como evitamos nadar depois de comer para digerir a refeição. Todos nós tentamos abrir espaço para a digestão física. E quanto à mental?

Quando as pessoas têm um acúmulo de processamentos mentais que necessitam ser levados a cabo, cria-se o estresse. Você está com a cabeça cheia, mas a vida não lhe dá trégua. Você é ausente da esfera familiar, parece distante nas conversas, ou se distrai e perde o fio da meada. Por quê? Porque está ruminando informações, remoendo-as, assimilando-as. É normal que assim seja – na realidade, saudável até –, porém *não* enquanto com a atenção dividida. Distrair-se ao volante é perigoso. Manter-se distante e indisponível para os filhos resulta em muitos desafios. A sensação é que estamos tropeçando no presente porque permanecemos presos num outro momento.

Como corrigir esta situação? Reservando tempo para a digestão. Você deve respeitar o fato de que processar determinadas informações às vezes requer mais tempo. Exercícios físicos e caminhada costumam ser ótimas oportunidades para reflexão. O corpo em movimento possibilita nos concentrarmos em nossos pensamentos e organizá-los de uma maneira salutar. Esta é a razão de tanta gente encontrar o equilíbrio mental durante a malhação: o tempo é usado para processar pensamentos acumulados.

Pergunte-se em que ocasião você consegue se debruçar sobre seus pensamentos. Você se dedica a alguma atividade saudável que lhe permita absorvê-los, ou se sente culpado por não participar da vida das pessoas queridas? O que é possível ser alterado na sua rotina a fim de que você possa encaixar a digestão de pensamentos?

Trata-se de algo que precisa ser feito e que não só ajudará você a tomar decisões melhores como contribuirá para reduzir, drasticamente, os níveis de estresse.

Quando ingerimos alimentos, os nutrientes têm que ser quebrados para que os assimilemos. Muitos dos problemas modernos surgiram porque, em vez de mastigar, as pessoas comem depressa demais. Hoje, reflita sobre como você pode estar agindo exatamente assim em relação aos seus pensamentos. Como seria a sua vida sem o acúmulo mental que você carrega consigo o dia inteiro?

DIA 10
Tempo à mesa do escritório

Quando foi a última vez que você fez um levantamento a respeito de quanto tempo permanece sentado? Será o dia inteiro, exceto a saída para o almoço? As horas passadas dirigindo foram computadas? E aquelas no sofá, assistindo TV?

Reserve alguns minutos hoje para calcular o tempo médio que você fica sentado. O número pode ser estarrecedor.

E você não está sozinho. Sentar-se é considerado o novo fumar e são inúmeros os estudos que mostram quão nocivo é este hábito para a nossa saúde. Um estudo publicado na *Revista Americana de Epidemiologia* vincula o estilo de vida sedentário a um risco maior de mortalidade de homens e mulheres.

Como isto está relacionado ao tempo? De fato, sentar-se é o ponto central da perda de tempo.

Quanto mais sentado você permanece, mais estagnado se torna. Sua circulação diminui e a taxa metabólica cai. Na realidade, qualquer tempo além de 30min consecutivos provoca uma desaceleração do fluxo dos nossos fluidos corporais. Isto significa menos calorias queimadas em repouso, menos drenagem linfática – que ajuda na desintoxicação do organismo –, menor produção de energia das mitocôndrias e, literalmente, menos força vital para trabalhar. Nossa luz interior começa a turvar e bruxulear quando nos sentamos tempo demais, o que nos rouba o próprio tempo e degrada a *qualidade do tempo* que vivenciamos.

Como?

Reduzidos os nossos níveis de energia, acabamos menos lúcidos e menos focados no trabalho, o que significa menos eficiência e mais cabeça cheia.

A queda da produtividade provavelmente implicará em menos dinheiro ganho e, por conseguinte, será necessário estender as horas de trabalho para cobrir o prejuízo. Menos dinheiro em geral equivale a mais estresse. Resultado? Deterioração da qualidade de vida.

Drenados de energia, falta-nos ânimo para nos mexermos, ou nos exercitarmos, o que se converte numa escalada de aumento de peso e inércia. Logo passamos nosso precioso tempo nos culpando porque não malhamos e deprimidos porque não temos a mínima vontade de fazê-lo.

Adiamos as coisas porque carecemos de energia e entusiasmo. Porém essas coisas continuam em nossa mente e nos assombram ao voltarmos para casa. Quando junto de nossa família, não nos achamos totalmente presentes porque estamos cansados, a cabeça ainda no trabalho, a pressão de achar uma brecha para escapulir e malhar nos atormentando.

As tais escapulidas quase nunca acontecem e, assim, ficamos empacados naquele dialogo interior de que "Nada está funcionando na minha vida", o que nos impede de viver o momento presente em sua plenitude.

Então não reparamos nos sinais de que nossa filha anda tendo problemas com as amigas na escola e nos sentimos péssimos pais. E o círculo vicioso persiste.

Veja como a maneira que realizamos uma coisa afeta a maneira como realizamos todas as coisas.

Hoje você vai retomar o controle. Fique de pé ao falar ao telefone ao invés de permanecer sentado. Pegue algumas caixas e monte uma escrivaninha que lhe permita trabalhar de pé. Se isto não for possível, coloque um alarme para tocar a cada 25min. Movimente-se, alongue-se, respire fundo algumas vezes, vá buscar um copo de água. Caminhe um pouco após o almoço e faça ligações do seu celular enquanto estiver andando.

Não permita que seu corpo se acomode no sono sombrio da morte corporativa. Hoje você vai manter seu corpo desperto, o que, por sua vez, irá energizar sua mente. Esta atitude promoverá uma renovação de todos os aspectos da sua vida e você não tardará a perceber os benefícios subsequentes.

Águas paradas nos envenenam. Levante-se e mexa-se.

DIA 11
Tempo de sonhar

Crescimento positivo significa voltar ao lodaçal do passado e subvertê-lo para que não infecte o presente. Neste lamaçal, a maioria de nós encontra-se atolada. Não conseguimos estar no *agora* porque permanecemos aprisionados no *passado*, rastejando a esmo, sentindo-nos abjetos.

Não estou afirmando que lidar com essa conjuntura seja divertido, ou fácil, *mas é a única saída*. Você tem que se tornar inteiro, se almeja ser plenamente humano. E os sonhos podem ajudá-lo.

Carl Jung, um dos pais da psicologia moderna, ao escrever extensamente sobre o estado onírico, designou-o como a nossa ligação com o inconsciente coletivo. É aqui que chegamos ao âmago da questão. É onde grande parte da nossa bagagem psicoemocional é largada para supurar. Se não olharmos para o que fermenta dentro de nós, como se fosse um campo de ervas daninhas, o seu crescimento será desordenado. Então nos descobrimos falando coisas desagradáveis, fazendo coisas das quais acabamos nos arrependendo. O que é feio começa a mostrar a sua face e não sabemos o que acontece conosco. Tudo passa a transbordar e *a visão não é bonita*.

Nós temos uma conexão profunda com o inconsciente e o subconsciente através do estado onírico. O que surge nas brumas pode nos auxiliar a perceber os padrões recorrentes em nossa vida. Somos capazes de enxergar além das fachadas que o nosso ego constrói e escavar mais fundo a bagagem emocional que nos retém. Essa bagagem se avolumou em algum momento do passado e ficou enclausurada no nosso campo de energia. E nos assombra, e nos retarda.

Hoje, dedique minutos de seu tempo tentando lembrar-se de sonhos recentes. Esforce-se para recordar. É normal se nada lhe ocorrer, porém você vai se surpreender com o que virá à tona. Terminado este exercício, ponha um caderno na sua mesinha de cabeceira. Diga a si mesmo que sua primeira atitude na manhã seguinte será anotar os seus sonhos. Quanto mais depressa você registrá-los, isto é, imediatamente após despertar, melhor, pois as lembranças não demoram a desvanecer na obscuridade. Seu diário de sonhos é algo com o potencial de se converter num vigoroso catalisador de mudanças em sua vida. Se você o relacionar com um diário corriqueiro, ficará nítida a conexão entre o que anda acontecendo na sua vida e os sonhos que você está tendo nesta mesma fase. Não raro, há muita sabedoria, imagens simbólicas, pistas sutis e presságios notáveis que nos são passados através do estado onírico. Procure se tornar mais consciente deste filamento e use-o como um oráculo, ou uma luz guia, na sua vida cotidiana.

Quanto mais você conseguir se lembrar dos seus sonhos e colocá-los no papel, mais surpreendentes serão as lições do outro lado às quais você pode apelar. À espera de que você as acesse, há uma abundância de informações que irão ajudá-lo a cicatrizar as feridas do passado e impedi-lo de continuar arrastando-se para o presente. Os sonhos são os conduítes deste processo.

DIA 12
Quando menos é mais

Hoje iremos nos debruçar sobre a cultura do "quanto mais melhor" que tem infestado a nossa mente. É algo que está em toda parte. Nós nos tornamos bons em fabricar coisas e decolamos com uma economia global baseada no consumo. Na realidade, mais do que qualquer outro rótulo, somos conhecidos como consumidores pelas empresas com as quais lidamos.

Qual a vantagem disso? A sua vida é mais significativa do que sua capacidade de produzir e consumir? Sim, com certeza.

A proposta de hoje é dar uma olhada em tudo o que você possui. Caminhe pela sua casa. Não se esqueça da garagem, sótão, quartos de hóspedes e depósitos alugados para armazenar o que já não cabe na sua residência. Faça um levantamento de tudo o que você acumulou ao longo dos tempos. Ainda é de alguma serventia, ou se converteu num fardo?

Quantas dessas coisas você não tem usado – ou sequer olhado – há mais de um ano? Quando planeja tornar a conferi-las? Muitas vezes nos agarramos a certos objetos porque os julgamos valiosos demais para serem descartados e, no entanto, acabamos jogando-os fora anos depois. Você é capaz de identificar alguns desses itens hoje? Se por acaso estiver pensando em guardar uma ou outra coisinha para os seus filhos, pergunte-lhes, antes, se gostariam de tê-las.

A acumulação nos sobrecarrega, e este é o problema. Quer o percebamos ou não, existe uma parte da nossa consciência que precisa abrir espaço para o que insistimos em conservar.

Hoje vamos procurar identificar onde você tem buscado comprar conforto fora de si mesmo. Pegue o que quer que não esteja usando mais e livre-se disso. Simplifique e limpe o seu espaço. Tal atitude ajuda a clarear a mente e liberar a consciência. Dentro desta realidade há mais tempo e felicidade.

Do que você pode se desfazer hoje? Doações, além de um ato maravilhoso, ajuda as pessoas carentes. Você consegue abrir mão de algumas coisas? Quais? Não as coloque numa outra pilha que jamais passará da soleira da porta. Junte o que não está em uso e tire de sua casa já.

E quanto àquilo que simplesmente é lixo? Ainda que se sinta culpado, hoje é o dia de jogar fora a tal máquina de sorvete, que não só está quebrada, como você nunca aprendeu a manejar; ou o bastão de hóquei que o seu filho abandonou há uma eternidade. Aprenda sua lição neste momento. Os montes de lixo estão vomitando o que acreditávamos precisar. O que este exercício ensina a você sobre o que não comprar?

Desobstruir o espaço físico tem a vantagem adicional de desobstruir o espaço mental, o que é libertador para a mente, visto nos conceder a amplidão pela qual ansiávamos. O nosso desafio sempre foi orientação. Temos sido treinados para buscar soluções *externas*: que tipo de sapatos, maquiagem, carro, roupas de ginástica ou peças de cristal necessito comprar para me sentir pleno e feliz? Nessas alturas, você já deve saber que isto não funciona. Felicidade e paz vêm de dentro, brotam da simplicidade.

Neste cenário, menos é mais.

Livre-se do lixo e crie o hábito de questionar se você realmente precisa de um determinado item antes de adquiri-lo. Você não pode comprar conforto e paz, mas pode alcançar esse estado.

DIA 13
Dividindo o tempo

Uma das formas mais poderosas de otimizar o tempo e sentir-se no controle da sua agenda é aprender a dividi-lo. Isto significa designar seguimentos de tempo para atividades específicas e cumprir o planejado. A hora do e-mail é para checar e escrever e-mails. O tempo com a família é somente isto – sem outras distrações. Se você está trabalhando num relatório, é apenas o que fará, e se estiver num encontro com a namorada, esteja presente por inteiro.

A chave para alcançarmos tal patamar consiste em abandonar a falsa ideia de que ser multitarefas de algum modo nos torna melhores. Este conceito, além de não funcionar, deixa-nos ainda mais alheios, fragmentados e ansiosos. As pessoas mais proficientes são as que se dedicam a uma empreitada de cada vez, permanecem focadas, executam a tarefa programada e passam para a seguinte, que pode ser até tirar um cochilo. E, adivinhe só? Essa gente tira uma soneca sim! Por quê? Porque, quando você se compromete a realizar uma coisa de cada vez, é viável rechaçar todos os outros encargos ou distrações e manter-se concentrado. Saber que os compromissos mais importantes do dia estão agendados significa não ser necessário se preocupar com a falta de tempo. Assim, chegada a hora destinada ao seu cochilo, você pode descansar profundamente e mergulhar no melhor sono da sua vida.

Hoje, observe como você administra a sua programação. Você está tentando realizar muitas coisas simultaneamente? Encontra-se sobrecarregado ao longo do dia e vive lutando para apagar incêndios aqui e ali? Isto é comum. A escassez de tempo anda de mãos dadas com a escassez de atenção. Se o seu foco é fragmentado, não é possível fazer nada bem-feito e o provável é que você acabe estressado à medida que surjam novas obrigações enquanto as antigas permanecem inconclusas.

Pense na sua agenda diária como se fosse um computador. Quantos aplicativos estão abertos? Se você está trabalhando num documento, será que vai ajudá-lo abrir e-mails, textos, contabilidade, aplicativos de previsão do tempo e videogame de uma só vez? Claro que não! Todos nós percebemos o quanto o desempenho do sistema cai se acessado desse jeito. E, todavia, parecemos dispostos a viver assim.

Hoje organize sua agenda destinando determinados blocos de tempo às suas atividades cotidianas. A hora do almoço é para comer e se revigorar. O trabalho flui melhor quando nos concentramos numa empreitada de cada vez. Lidar com crianças requer envolvimento – não tem sentido não lhes dar total atenção, pois além de perceberem, elas vão importunar você de qualquer maneira. Comprometa-se a permanecer focado nas atividades e horários estipulados e veja o que acontece. Será necessário depurar sua agenda a fim de adequá-la à nova estrutura elaborada por você. E, ainda mais importante, você terá que ser fiel ao compromisso assumido. Não recue, ou estará perdido.

Certifique-se de programar blocos para descanso, recuperação de energia, alimentação e diversão. Se você agendar apenas trabalho e obrigações, não tardará a haver uma ruptura. Todos nós precisamos de um equilíbrio dinâmico em nossas vidas, e aderir a um planejamento saudável nos permite isto. Tão logo você pegue o jeito, irá se sentir mais relaxado e feliz. A consciência de que estamos fazendo exatamente o que deve ser feito, no momento em que deve ser feito, promove uma sensação de amplitude. São todas aquelas outras bobagens atravancando o seu calendário atual que geram o estresse. Uma coisa de cada vez levará você a alcançar o seu objetivo mais depressa e, de quebra, lhe dará muito mais tempo para desfrutar do percurso.

DIA 14
Digerindo emoções

Digerir pensamentos é importante, mas, e as emoções? Esses são bocados que muitas vezes nos engasgam. Quando alguém lhe diz algo que o transtorna, quão fácil é seguir em frente? Quanto tempo até você superar a inquietude?

Para a maioria de nós, é um processo um pouco demorado. Parte do treinamento de um monge urbano consiste em aprender a construir uma conta corrente de energia positiva e ser capaz de deixar que as coisas simplesmente escorram sobre você, feito água; o que não significa que certos episódios não irão afetá-lo. Somos humanos. Digamos que seu filho esteja indo mal na escola. Sim, que droga. Pais morrem. Também os animais de estimação. Tragédias ocorrem em todo o mundo. Tais acontecimentos *deveriam* provocar em nós raiva, tristeza, frustração, chateação. Repetindo: somos humanos.

O problema está na *negação*. Você se dá tempo suficiente para sofrer uma perda? Permite-se o luxo de se exasperar por 5min e depois esfriar a cabeça? A maioria de nós não, em especial quando se trata de raiva. Emitimos julgamento sobre esse sentimento. Por termos vergonha de expressá-lo, o escondemos, e então ele nos envenena devagar e mostra sua cara num humor horroroso, ou num comportamento passivo-agressivo. O estresse tem um efeito similar: ricocheteia em nosso sistema até confrontarmos algum desavisado que, muito provavelmente, não é nem merecedor da nossa agressividade.

Soa familiar?

Este é um problema crucial na nossa cultura e é aqui, neste ponto, que quase todos nós nos achamos empacados no passado. Com que frequência você retorna a uma ocasião em que alguém lhe disse algo que o incomodou? Quão visceralmente você revive a experiência? Quão preso você está àquele momento? "Bastante" costuma ser a resposta.

A indigestão emocional enxerta um lapso de tempo na nossa existência e nos mantém ressoando o passado. As situações de "deveria", "teria" e "poderia" não saem da nossa cabeça e continuamos empacados *naquele tempo* ao invés de totalmente presentes no *aqui e agora*.

Hoje, pense sobre quando isto aconteceu em sua vida. Talvez esteja acontecendo neste exato instante. Será que você está arrastando para o hoje algo da noite passada? Do ano passado? Há uma boa chance que sim.

O primeiro passo é reconhecer em que ponto você se encontra estagnado. Encare-o. Sinta-o.

Agora retorne ao evento em questão e encha seu coração de amor. Ao inalar o ar, inunde o seu coração de luz branca e, ao expirar, difunda essa luz por todo o seu corpo. Ponha um sorriso no rosto e permita que seu coração se abrande com esta prática.

O passo seguinte é perdoar as pessoas envolvidas e levar luz e cura para o evento com o qual você escolheu se defrontar. Talvez demore alguns minutos, mas não se afobe. Será um tempo bem gasto em comparação com os incontáveis momentos perdidos ao longo das inúmeras semanas e anos que hão de vir.

Hoje, sempre que surgir oportunidade, lembre-se daquele episódio adverso e continue a prática de cumular seu coração de luz branca e levar amor e perdão para a lembrança que você escolheu curar. Que este seja o seu *gong* de hoje. Comprometa-se com a cura e inunde o seu coração de amor e energia suficientes para que tal aconteça.

DIA 15

Hora das refeições

Hoje vamos nos concentrar nas nossas refeições. É tão fácil nos deixarmos levar pela agitação cotidiana, com suas intermináveis ocupações, e esquecermos de desacelerar na hora das refeições. O ato de comer ficou perdido no frenesi das atividades e acabou relegado a segundo plano na lista dos afazeres diários. Mas não hoje.

Hoje iremos resgatá-lo.

A hora das refeições é um ritual. É a nossa oportunidade de pausar e abraçar uma qualidade de tempo mais lenta para que possamos alimentar nossos corpos, absorver nutrientes e relaxar durante o processo digestivo. É aqui que nos fortalecemos.

O sistema nervoso simpático – quando na função de luta ou fuga – anda em marcha acelerada e o corpo passa a operar no modo crise. O estresse envia sinais ao corpo para armazenar gordura, levar o sangue para as partes reativas do cérebro, tencionar os músculos e extrair energia da digestão e do sistema imunológico. Esta não é uma boa maneira de seguir adiante em longo prazo; entretanto, é o patamar onde muitos de nós permanecemos estacionados. É hora de romper esse ciclo.

Hoje, sempre que você se sentar para uma refeição, inspire fundo 10 vezes – concentrando-se no baixo ventre – e relaxe o corpo. Tal procedimento nos lança, de imediato, num estado diferente. O sistema nervoso parassimpático mede o processo de digestão, de recuperação, cura e relaxamento. A respiração abdominal nos coloca, naturalmente, nesta condição.

Desacelere e acalme sua respiração.

Agora vamos refletir sobre a refeição. Comida é, verdadeiramente, *vida*. Se você está comendo bem, nada do que ingerir será de fontes industrializadas. O que significa uma dieta rica em vegetais, frutas, grãos ou carne – caso seja sua decisão consumi-la. Todos esses alimentos provêm de algo que, até recentemente, esteve vivo. Você está deglutindo essa vida e permitindo-a fortalecer seu corpo e nutrir suas células. Essa vida, ao se entregar no altar do sacrifício, possibilita que você continue vivendo. Trata-se de uma constatação séria.

Pare um instante e agradeça pela comida em seu prato. Olhe-a por 1min. Aspire o seu aroma por 20s. Não se apresse. Saboreie, mastigue pelo menos 20 vezes antes de engolir. A cada bocado, abaixe os talheres – ou o alimento, caso esteja comendo com as mãos – enquanto mastiga e engole. Desacelere e adote uma atitude de gratidão e reverência pela comida, e isto transformará toda sua vida.

Você não só estará mais relaxado como comerá menos, irá mastigar, digerir e assimilar melhor os alimentos, e também terá suas células nutridas, além de sofrer menos processos inflamatórios. São tantos os benefícios resultantes deste ritual que você ficará chocado ao perceber os ganhos, que, aliás, são cumulativos.

Hoje é o primeiro dia do resto da sua vida. Hoje, faça cada uma de suas refeições devagar e a saboreie. Desacelere e desfrute do ritual de comer. Talvez você gaste uns 10min a mais comendo, porém se sentirá menos cansado, menos tenso e mais energizado após a refeição.

O ideal seria reservar de 10min a 15min depois de se alimentar para simplesmente relaxar e usufruir de algum tempo ocioso. Tornar isto um hábito lhe incutirá mais energia, objetividade e saúde em geral para administrar seu dia com eficiência.

DIA 16

Terremotos do tempo

Você consegue se lembrar do último acontecimento que fez o chão sumir sob seus pés? Que levou você a perder a noção do tempo e o obrigou a parar e pensar? Talvez tenha sido um acidente, uma doença, um desafio profissional, um amante. Algo acontece que desajusta a rotina e nos lança para fora do nosso ritmo habitual. Alguma coisa interrompe a passagem normal do tempo, retardando-o ou acelerando-o, de acordo com a natureza do episódio. O notável é que, logo após o evento em questão, a passagem do tempo assume uma dualidade diferente. Tal distorção pode durar algumas horas, ou muitos anos, dependendo do quanto o ocorrido envergou ou adulterou a realidade. É como se um terremoto houvesse sacudido todos os nossos alicerces.

A lição de hoje é dupla. Em primeiro lugar, o que pode ser feito diferente na próxima vez? Pego de surpresa, despreparado, você se enfurnou em casa uma semana inteira? Como o acontecido o afetou? Podemos aprender com ocorrências passadas para evitar erros futuros. Sim, a nossa é uma visão perfeita; porém, apenas quando olhamos para trás e aprendemos com o passado.

A segunda lição é muito mais sutil. Se um evento externo conseguiu alterar a qualidade ou a velocidade do tempo, então por que você não consegue promover essa alteração sozinho? Costumamos aceitar quando acontecimentos importantes, traumas, ou más notícias mudam a nossa percepção do tempo, mas até onde isso é natural? Se a mutação no tempo é passível de ser desencadeada por ocorrências externas, então é algo viável. *Ponto*. Portanto, vamos esmiuçar este fato e ajudar você a aprender como fazer tal coisa acontecer à sua maneira.

É dentro da nossa própria consciência que detemos o tempo. Podemos controlar a nossa percepção do fluxo do *continuum* espaçotemporal alçando a nossa consciência para um nível mais elevado. Foi ao atingir este estado que a percepção dos antigos pôde se tornar tão expandida. Este é o porquê de a meditação e a ioga perdurarem ao longo dos séculos e continuarem a nos contentar. Podemos, realmente, ter controle do dial da velocidade do tempo assim que compreendemos como ajustar o nosso estado interior. Portanto, mãos à obra.

Existe uma prática específica – denominada *Prática Qigong da Dilatação do Tempo* – que nos ajuda a sentir o fluxo da velocidade do tempo. É o que vou ensinar a você hoje.

Acesse http://theurbanmonk.com/resources/ch2/, assista ao vídeo e realize a atividade. Não levará mais de 15min, mas, com alguma prática, você deverá começar a sentir uma dissimilitude na qualidade do tempo, conforme você o percebe. Atente os momentos intermediários, quando há uma vibração ligeiramente diferente, indo do rápido para o lento, e vice-versa. Quanto mais você ampliar sua percepção desses momentos, mais compreenderá o tecido do tempo e como navegar nele. Algumas coisas são melhores quando não ditas.

Execute a prática e constate por si mesmo.

DIA 17

Não fazendo nada

Um dos princípios centrais do taoismo é denominado *wu wei*, que se traduz como "não ação". Talvez este conceito soe um tanto estranho para a nossa mente ocidental, porém, se pensarmos bem, é um ótimo remédio para nós. Vivemos numa cultura que enfatiza a ação. Somos tão bons quanto a nossa capacidade produtiva e compelidos, com demasiada frequência, a apresentar realizações e nos manter ocupados. O nosso é um mundo maluco.

Então como alcançar o equilíbrio? Pratique o *ser* hoje. É possível que demore um pouco até você pegar o jeito e é provável que tenha a impressão de que está endoidecendo, todavia esta é somente a "mente do macaco" falando, segundo o conceito budista. Reserve 10min para permanecer exclusivamente sentado, a despeito de quaisquer desconfortos, e seja.

Como *ser*? Fácil: simplesmente não fazendo nada.

E depois? Continue não fazendo nada.

Mas como?

Ah-ah.

Eis aí o problema. Nós ainda tentamos "fazer" o não fazer. Isto tem sentido? Claro que não. E, no entanto, a maioria de nós não sabe agir de outro modo. Somos uma cultura de "fazedores". Nossa atividade nos define e nos impele a querer melhorar sempre. Talvez seja devido somente ao *momentum*, ou à lembrança das lições de nossos pais, o fato é que, independentemente do motivo, temos tendência para estar em perpétua movimentação. Observe como sua mente nunca cessa de procurar algo para executar e, mesmo enquanto praticando a não ação, você acaba se descobrindo às voltas com outras atividades: planejando o jantar, por exemplo; ou recordando o que uma amiga disse; ou prestando atenção na coceira no nariz; ou ruminando que esse exercício não está funcionando.

Ok. Sendo assim, proponho um passo intermediário no seu caminho para o treinamento da não ação. Hoje, quando praticar este exercício – o ideal seria por um período mínimo de 10min – algo lhe será facultado. Você poderá se perguntar *uma única e mesma pergunta* repetidas vezes. É apenas o que será liberado no decorrer do exercício.

E qual é a indagação? Questione-se: o que estou fazendo neste exato momento? Não obstante o teor da resposta, pare por aí e *relaxe*.

Volte a indagar-se: o que estou fazendo neste exato momento? Novamente, relaxe.

Os monges zen-budistas levam anos para dominar tal técnica, contudo, se você se comprometer e realizar o exercício, desvencilhando-se de todas as desculpas que lhe vierem à cabeça, será possível vislumbrar o outro lado.

Que outro lado? A serenidade plácida de uma mente relaxada. Imagine como seria se você fosse capaz de simplesmente deter a marcha implacável das atividades por um instante e resvalar para o espaço eterno do *repouso absoluto*.

É ali que você poderá beber do infinito e provar a fonte de toda energia. Bem, o paradoxo é o seguinte: você não pode "fazer" isso, mas pode praticar relaxando.

Divirta-se.

DIA 18

Desaceleração do tempo

Um dos principais motivos que impede as pessoas, nas culturas modernas, de conseguirem dormir é o frenesi arrastado para as horas noturnas. A vida se tornou veloz e estamos todos surfando essa onda o dia inteiro. Fazemos cada vez mais e andamos mais ocupados do que nunca, porém, quando a loucura deste estilo de vida deságua na praia do nosso sono, acabamos frustrados e enervados. Não nos damos tempo para desacelerar; não reduzimos a velocidade para nos *permitir* dormir.

O sono é algo ao qual nos abandonamos. Ocorre por conta própria. Não o "produzimos". O sono acontece quando relaxamos e nos entregamos por completo à letargia. Eis o desafio do mundo moderno: não só corremos o dia todo, como continuamos acelerados à noite. Assistimos aos nossos programas na TV, dependuramo-nos ao telefone, pagamos algumas contas e, então, brecamos de chofre e tentamos adormecer quando enfim nos deitamos. A natureza não funciona desse jeito e, ao que me consta, também pertencemos ao mundo natural.

A prática preliminar de hoje consiste em prestar muita atenção nos seus rituais noturnos que antecedem ao sono. É relaxante o que você costuma fazer durante 3h ou 4h antes de ir para a cama? O corpo e a mente necessitam de alguma *desaceleração* até que o sono chegue. Nossos ancestrais tinham pouco acesso a qualquer claridade extra tão logo o Sol se punha. Ou seja, menos estímulos e menos atividades precediam a hora de dormir. Que providências você toma para desacelerar à noite?

Luz azulada nas telas, música agitada, incontáveis aparelhos eletrônicos e estímulo mental incessante estão sufocando a plácida escuridão da noite. Cafeína após as 14h tampouco ajuda. Vivemos num mundo que vem eliminando a energia serena das horas noturnas. Cabe-lhe devolver este equilíbrio à sua vida. Reflita sobre as suas noites e veja que mudanças você é capaz de efetuar para diminuir o ritmo. Quem sabe passar a maioria das noites à luz de velas? Talvez seja o momento de pegar um bom livro em vez de consumir mais uma série na TV. Dê preferência a uma pequena caminhada para esticar as pernas e a uma conversa de verdade no lugar de entretenimentos tolos e estímulos adicionais.

Uma vez adotadas essas atitudes, você não tardará a perceber a melhora gradual da qualidade do seu sono. Seus dias começarão com mais energia e entusiasmo e os níveis de estresse começarão a cair. Isto ocorre porque sua mente *precisa* de alguma desaceleração para processar os acontecimentos e relaxar. Meter o pé no freio de súbito tem um custo e enxergamos os seus efeitos em nossas vidas. Não é assim que o sono ocorre de maneira saudável, e não é assim que nos recuperamos bem dos dias longos e difíceis. Introduza a suavidade do *yin* em suas noites – em especial nos dias úteis – para que o seu tempo de *yang* seja mais produtivo e equilibrado.

O exercício de hoje consiste em se alongar moderadamente por cerca de 30min antes da hora planejada de dormir. Diminua as luzes e aquiete-se. Escove os dentes e cumpra toda a sua rotina noturna primeiro, porque depois de 5min ou 10min de alongamento você irá para a cama. Deite-se de costas e respire devagar, concentrando-se no baixo ventre. Após alguns instantes, inicie um processo de relaxamento progressivo, da cabeça aos dedos dos pés. Não se afobe. Apenas relaxe profundamente cada parte e região do corpo, músculos, articulações e órgãos, sempre atento ao que acontece ao seu corpo. Havendo chegado aos dedos dos pés, simplesmente continue inspirando fundo – ainda se concentrando no baixo ventre – enquanto conta, sem pressa, de 10 a 1. Diga a si mesmo, à medida que a contagem regressiva avança, que você está se sentindo mais relaxado e pesado. Terminada a contagem, permita-se adormecer.

Este é um exercício vigoroso, mas que deve ser acompanhado de bons rituais de descanso e higiene. Depende de você desacelerar, ir mais devagar.

Compreender a qualidade diferente do tempo e como entrar em harmonia com os ritmos naturais da vida são lições-chave.

DIA 19

Cortando pessoas que sugam o seu tempo

Hoje vamos tratar dos vampiros sugadores do tempo de nossas vidas. Você sabe quem são. São aqueles que, por meio de conversas, dramas, carências, ou algum problema real, agarram-se a você e o afastam de seu plano para o dia – ou para a semana, ou para a vida. Não raro são pessoas próximas a nós, mas com as quais entramos num relacionamento de codependência. Assim, o tempo passado juntos se torna um desperdício e não tem serventia para ninguém, visto nos sentirmos mais cansados, estressados, agitados, ou até transtornados, depois de haver estado com essas companhias.

Seu tempo é a medida da sua força vital e é tudo o que você possui. Dilapidá-lo de forma imprudente com quem não auxilia ou apoia a sua missão na vida é uma maneira fácil de se sentir vazio, esgotado e desviado do seu objetivo. Se os dias estão transcorrendo sem que você se perceba melhor, ou mais próximo de suas metas, é hora de investigar e descobrir onde o tempo está se escoando.

Hoje, elabore uma lista das pessoas com quem você passa a maior parte do tempo. Inclua, além dos membros da sua família, colegas de trabalho, caronas e os que, porventura, cruzam o seu caminho. Detenha-se e analise onde o seu tempo se esvai num dia normal. Será que você gasta energia demais demorando-se nos arredores do bebedouro? Seu colega de trabalho, na mesa ao lado, está sempre lhe contando algo sobre algum programa na TV, ou evento, que pouco lhe interessam? Existem pessoas que não sabem absolutamente nada a respeito das coisas importantes que andam acontecendo na sua vida, apesar de você conhecer todos os detalhes particulares da vida delas?

Pergunte-se em que circunstâncias talvez você esteja tentando ser demasiadamente educado em relação ao seu tempo. Você mantém conversas ou interações que de nada lhe servem? Você sabe como se proteger de quem o deixa exaurido a fim de não drenar sua energia sem receber coisa alguma em troca? Comecemos por aqui.

A maioria dos vampiros sugadores de tempo possui um senso de higiene energética pavoroso e necessita passar o tempo falando sobre porcarias estúpidas. Eles carecem de alguém como você para que não sejam arrastados pelas correntezas sozinhos. Você é culpado de os permitir agir assim?

Todos nós o somos, até certo ponto. Nós temos confundido gentileza com autossacrifício.

Isto não significa evitar as conversas genuínas que saciam você e melhoram o seu dia; tampouco significa cortar todas as interações, exceto as mais básicas; mas sim não recuar e tomar seu tempo de volta. Há muitas maneiras excelentes de alcançar este objetivo e a maioria gira em torno de limites saudáveis. Você precisa encontrar meios de se isentar das interações que o afastam de suas metas estabelecidas para hoje, para que lhe seja possível permanecer focado. Termine seu trabalho e talvez então saia para uma corrida com aquele colega em particular, de modo que assim possa ocorrer uma interação produtiva.

O desafio à sua frente é que grande parte das pessoas se acha empacada e quer alguém com quem ficar empacado junto, porque desse jeito é menos solitário.

Evite tal situação a qualquer custo.

Você tem sonhos e aspirações. Você nunca dorme no ponto. Você deseja se exercitar. Há pessoas com quem prefere conversar. Identifique as circunstâncias em que você sente que seu tempo está sendo sugado e comece a reavê-lo. É provável que lhe pareça um pouco estranho no começo, entretanto esta prática irá mudar sua vida.

O tempo é seu. Pare de dissipá-lo com bobagens.

DIA 20
Os grandes acontecimentos da vida

A qualidade de tempo da vida nem sempre é a mesma. As coisas importantes, que ocorrem de vez em quando, ocupam um lugar especial na nossa lembrança. Alguns eventos podem ser notáveis; mas, e quanto ao nascimento de bebês? Casamentos e funerais são marcantes. Formaturas são significativas. Que tal vencer jogos importantes? Ou pôr um ponto-final no casamento? Todos esses são dias memoráveis – nem sempre bons, porém com certeza memoráveis.

Pense nos grandes eventos da sua vida. Quão presente esteve você ao vivenciá-los? Que recordações visuais e auditivas lhe vêm à mente acerca do ocorrido, não apenas por causa das fotos, e sim porque consegue se lembrar da experiência? Você foi capaz de compreender a magnitude do que estava havendo?

Que grandes acontecimentos da vida lhe estão reservados? A expectativa enche você de ânimo? Sente-se pronto?

Hoje, passe algum tempo olhando para trás, para os dias inesquecíveis e significativos do seu passado e, então, olhe para a frente, para o futuro. Como se preparar melhor para estar plenamente presente e absorver o dia conforme o seu desenrolar? O que você pode aprender com os dias inesquecíveis já vividos e com a maneira como lidou com eles?

Este exercício gera um questionamento ainda mais substancial. Como acumular mais dias incríveis e marcantes no nosso futuro? Se ao se debruçar sobre a linha do tempo da sua vida você não vê nada exceto tédio e monotonia, o que é possível ser feito para injetar um pouco de excitação aos seus dias?

Todos nós precisamos de uma centelha que nos instigue a aguardar alguma coisa ansiosamente. Onde está a sua faísca? No planejamento de uma aventura? Na obtenção de um diploma? Numa viagem com seu cônjuge, ou com seus filhos? O truque consiste em não apenas alimentar expectativas em relação a uma data futura, que talvez venha a ser memorável, mas em se mexer e fazer algo novo e fora da sua zona de conforto *hoje*. Então não tarde a começar a planejar uma aventura ainda maior. Reflita e concentre-se no que você gostaria de ver e sentir no seu dia especial. Conecte-se com o sentimento e o visualize. Tão logo você o faça, é hora de traçar planos para que a ideia se concretize. Corra atrás.

O que você fez foi plantar uma semente na sua linha do tempo. É possível que demore anos até que venha a dar frutos, entretanto a semente agora está lançada. *Regue-a com a sua intenção e boa vontade.* Nutra-a com ações e mova-se em sua direção. Se você realmente deseja frutos, olhe e sinta como se isto já estivesse acontecendo. Guarde este sentimento no seu coração. É o bastante para o plantio da semente.

À medida que você aprende a se conectar melhor com o seu eu interior, será possível ir da semente ao fruto em menos tempo. Por enquanto, saiba que a semente está no seu cronograma futuro. Conserve-a lá. Envie-lhe o seu amor e alimente-a. Com esta prática você conseguirá aumentar a incidência de eventos positivos e importantes na sua vida e oferecer a si mesmo um sem-número de coisas boas sobre as quais pensar nos seus anos crepusculares. Sonhe alto e persiga seu objetivo.

DIA 21
Tempo para a família

Com que frequência nós misturamos o tempo para a família com outras ocupações? Desta maneira, ficamos meio que junto das pessoas amadas, meio que checando e-mails, assistindo a um programa na TV, lendo um livro, ou qualquer outra coisa. Normalmente é uma conjuntura que não satisfaz nenhuma das partes. Porém, se a ocasião permite que você e seus entes queridos, quando no aconchego da presença mútua, também leiam e desfrutem do ambiente reinante, ótimo. Você entendeu bem. O resto do mundo costuma pelejar para encontrar o ponto de equilíbrio nesta situação.

Hoje vamos nos debruçar sobre o tempo para a família e torná-lo especial. Em vez de tentar ser multitarefa enquanto com a família – em especial com as crianças –, que lhes ofereçamos tudo de nós, sem reservas.

Que tal? Talvez uma longa caminhada com os cachorros. Jantar sem TV, ou outros aparelhos ligados. Quem sabe algumas brincadeiras, alguns momentos de intimidade, um passeio, uma conversa perto da lareira. Comunique à sua família o seu desejo de passarem um tempo de qualidade juntos hoje, ainda que sejam uns poucos minutos. E então se esforce para concretizar a ideia.

Se os seus filhos são mais velhos, é bastante provável que todo mundo esteja terrivelmente ocupado e eles tão carentes de tempo quanto você. Bem-vindo ao mundo moderno. Neste caso, procure *qualidade de tempo* em detrimento de *quantidade de tempo*. Você pode não ter uma hora inteira ao seu dispor, mas alguns minutos de pura conexão no carro – quando ninguém está com os olhos pregados numa tela –, ou o empenho de pôr a conversa em dia durante o jantar – quando todos estão à mesa ao mesmo tempo – podem contribuir significativamente.

Uma vez estabelecido este precedente, você se torna cada vez mais capaz de se esforçar para atingir sua meta nos meses subsequentes. É possível que este esforço resulte em férias com a família, ou em um tempo juntos estendido.

Não transforme essa experiência numa esquisitice, ou complicação. Basta explicar que, dali a instantes, todo mundo vai começar a tentar alguma coisa nova. E mantenha-se firme no combinado. Esteja presente e compartilhe amor, pois esta atitude serve de exemplo e ajuda a criar espaço para que os outros participem. Se esta lhe parecer uma nova obrigação, então não é algo autêntico.

Caso você tenha filhos, espere até irem para a cama para ficar na companhia de seu cônjuge, ou de seus *pets* – assim que as coisas se acalmarem. Desligue-se de tudo e simplesmente conecte-se com o que está acontecendo com você. Nas nossas vidas, o tempo que temos para isso e para os nossos relacionamentos é escasso e precioso. Se você mora sozinho, ligue para um membro da família, ou para alguém querido.

Hoje você está retomando o tempo com a família para si. Você ama sua família e entes queridos. Demonstre os seus sentimentos. Conecte-se com as pessoas amadas. Este é um tempo junto que jamais poderá ser recuperado se não for vivido. Saboreie-o. Aprecie-o.

DIA 22
Hora de digerir

O seu corpo gosta de desacelerar em torno da comida. O cérebro precisa registrar aroma, textura, sabor e consistência de uma refeição para satisfazer suas necessidades e, se isto não acontece, continuará enviando sinais para obter mais comida, mesmo que os receptores do seu intestino já estejam aos berros por causa do almoço gigantesco que você acabou de devorar. É assim que temos evoluído e nos adaptado.

Hoje a prática do *gong* consistirá em desacelerar na hora de cada uma das refeições.

O passo seguinte será degustar cada bocado. Devagar, mastigue pelo menos 10 vezes antes de engolir. *Saboreie* o alimento. Triture-o. O suco gástrico, as enzimas pancreáticas e as bactérias intestinais são ótimos no que fazem, mas acabarão indevidamente sobrecarregados caso nossos dentes e saliva não realizem a parte que lhes cabe. Resultado: problemas digestivos. Os problemas digestivos levam à má absorção de nutrientes e níveis mais baixos de energia. Menos energia significa menos tempo para executar o que quer que seja. De acordo com essa matemática, comer depressa de fato drena nossa energia e nos rouba tempo.

Na perspectiva espiritual, hoje é o dia de se conectar com a refeição à sua frente. Qual é a procedência da comida? De algo que até recentemente esteve vivo? Terá sido uma vida bem vivida? É um alimento cheio de vitalidade, ou saído de uma máquina? Essa comida se transformará na composição de quem você é nos próximos dias e semana; irá formar cada célula do seu corpo; fortalecer seu cérebro e sistema imunológico.

Isto significa que hoje é o dia de dar graças às formas de vida – planta ou animal – que entregaram suas vidas para que você pudesse conservar a sua. Sim, é uma constatação pesada e precisamos agir de acordo.

Uma pressa desmesurada à hora das refeições nos conduz à morte espiritual, lenta e dolorosa. Sua tarefa hoje é parar o tempo em torno de cada refeição e apreciar o ato sagrado de comer. Isto não apenas ajudará você a digerir, assimilar e potencializar melhor suas células, como também irá auxiliá-lo a interromper a marcha amalucada que tem infestado a hora das suas refeições.

Retome esse tempo.

A hora da refeição é sagrada, e nós a temos esquecido. É um tempo valioso e restaurador na natureza. Você precisa desta pequena pausa na insanidade para navegar melhor durante o dia. Você precisa desta disciplina, se pretende ser o senhor do seu tempo. Seu corpo necessita de tempo para realizar suas funções.

Desacelere e desfrute de suas refeições hoje.

DIA 23
Podcasts e audiolivros

Vamos procurar agora, com afinco, descobrir algo que alavanque sua vida. Como? Através de informações. Hoje assumimos o controle das informações às quais você está exposto, criando, em seu mundo, alguns filtros simples, porém fundamentais. Comecemos com a poluição causada pela avalanche de informações diárias. Não faz nenhum sentido ficar ali parado, como um insensato, sendo bombardeado por comerciais e programas que não lhe interessam.

Existem inúmeras plataformas de podcasts à sua escolha. O *iTunes* é um dos principais dispositivos da Apple, mas há também *Google Play*, *Sticher*, *SoundCloud* e diversos outros aplicativos para o sistema Android. Você pode ouvir alguma coisa baixada no seu celular enquanto estiver no carro, ou à sua mesa de trabalho, ou na cozinha. Hoje em dia a maioria dos títulos é encontrada no formato audiolivros.

Podcasts e audiolivros são ótimos porque você pode escutá-los no *seu tempo*. Depois de eleger aqueles de sua preferência, programe-os para ouvi-los no trajeto de ida e volta do trabalho, ou na academia. É possível acelerar a reprodução do conteúdo e, basicamente, aprender algo com o dobro da velocidade. Ou então se decidir por uma reprodução mais lenta e se deter numa palestra que lhe seja útil, que o entretenha, ou alimente.

Depois de descobrir algum conteúdo que entusiasme você, observe como ele enriquece sua vida. Aprender com outras pessoas nos fortalece e este é um conceito importante. Se alguém está contando parte da história de sua vida num livro ou podcast, são muitos os anos de experiências vividas, aprendidas e resumidas, uma sabedoria compilada ao longo do tempo que agora, através desse relato, um ser humano procura transmitir aos outros. Você está, essencialmente, assimilando toda aquela experiência de vida em um pacote de fácil digestão, que, ao ser absorvido por sua mente, pode ajudá-lo a tomar decisões melhores e a caminhar pela vida com mais tranquilidade. De quem você gostaria de aprender? O seu tempo é valioso; assim, como você gostaria de empregá-lo para amealhar uma sabedoria que acelere o seu crescimento, diminua o estresse e o auxilie a evitar tomar decisões ruins? Isto é alavanca.

Toda a experiência de vida de uma pessoa condensada em uma hora – isto é bom. Hoje você vai dar um passo nesta direção, saneando o conteúdo que você consome.

Os gêneros à nossa disposição são os mais diversos: saúde, autoajuda, história, comédia e muito mais. O ponto-chave consiste em pesquisar e descobrir que conteúdos enriquecem sua vida. Tudo aqui gira em torno da *curadoria* e você tem que respeitar o seu tempo. Uma vez adquirido este hábito, você se sentirá mais no controle e poderá escolher como gastar o seu tempo.

Existe uma infinidade de podcasts acerca de eventos atuais, questões contemporâneas e polêmicas sociais. Há livros a respeito de tudo. O seu estado de ânimo tende para o quê? Este é o momento de sair da sua zona de conforto e aprender algo novo, ou, finalmente, ter a chance de se informar sobre um assunto que sempre o interessou, mas para o qual você nunca encontrou tempo. Talvez a resposta seja o silêncio – isto é legal, porém o exercício de hoje é passar alguns minutos navegando na internet e encontrar pelo menos um podcast para você escutar na próxima vez que *tiver tempo* para ouvir algo.

Assumir o comando da situação permite a você escolher que informações entrarão na sua cabeça. Aprender a dominar o tempo é um processo e grande parte deste processo consiste em controlar as comportas. Não permita que influências externas desperdicem o seu tempo novamente. Selecione o conteúdo que você deseja consumir. Se por acaso este se tornar chato ou obsoleto, passe para outra coisa. O ponto-chave é *você estar no comando*. Aja como tal.

DIA 24
Comunicação

Atualmente, a maior parte do tempo que passamos entretidos com os nossos aparelhos eletrônicos pode ser considerada comunicação. Seja através de ligações e textos, e-mails e mídias sociais, estamos, tecnicamente, nos comunicando com outras pessoas de algum modo. Ainda que estejamos apenas emitindo uma opinião para o mundo, esta é uma espécie de comunicação.

Hoje vamos revisitar o estilo antigo. Vamos retomar a maneira como a nossa espécie costumava se comunicar antes do advento da tecnologia. É claro que havia a palavra falada, porém, durante milênios, interagíamos de inúmeras formas não verbais.

O seu *gong* hoje é tomar consciência disso. De gesticulações a movimentos oculares, repare todos os modos como as pessoas que o cercam buscam se fazer entender. Um suspiro, um dar de ombros, um olhar intencional, uma tossidela oportuna, são também formas de nos expressarmos.

Preste atenção nisso hoje. Deficientes auditivos são de uma perspicácia incrível. Eles estão atentos e realmente *enxergam* muito daquilo que nós, entorpecidos, deixamos escapar. Os deficientes visuais são extraordinários na detecção das nuances do som. São capazes de ouvir coisas que não captamos. Por quê? Porque estão muitíssimo mais sintonizados com os seus sentidos.

O *gong* hoje será exercitar um pouco desta habilidade. Observe os outros. Procure usar meios não verbais de comunicação e veja como funcionam. Se você precisar falar, que suas palavras sejam breves e elegantes. Diga mais com menos. Transforme este objetivo num jogo.

Nós nos convertemos em criaturas por demais anestesiadas. Sua tarefa hoje é despertar e prestar mais atenção ao seu redor. Com tanto falatório sobre atenção plena, a maioria das pessoas acha que só se alcança tal estado ficando sentado numa almofada, meditando. A vida é o *workshop* da atenção plena. Preste atenção e absorva o hoje. Note como as pessoas à sua volta estão se comunicando e tente interagir com elas de modos variados. Constate como as coisas mudam.

Brinque com isso e divirta-se.

DIA 25

Lidando com a lista de tarefas

Atualmente tem sido difícil realizar muitas coisas sem recorrer ao auxílio de um rol de tarefas, cujo objetivo é manter você no rumo certo. Os itens listados são aqueles que, do seu ponto de vista, precisam ser feitos para que lhe seja possível tocar a vida adiante. Não há nada intrinsecamente errado com essas listas. De fato, são ótimas ferramentas. Então por que causam tanto estresse a tanta gente?

A resposta é simples. A maioria das pessoas não é capaz de desempenhar tudo aquilo a que se propôs, o que acaba provocando a sensação de haver fracassado em algum aspecto.

A indagação da lição de hoje é a seguinte: você está sobrecarregado, tentando cumprir tarefas demais, ou não as está efetuando de maneira eficiente? Na minha experiência, em geral o que acontece é uma combinação de ambos. Isto significa que você, provavelmente, não apenas adquiriu o hábito de dar um passo maior do que as pernas, como não permanece concentrado no cumprimento dos itens elencados e na execução do seu trabalho. Tire 5min para analisar seu rol de tarefas e decidir se o julga realista. Será que você está arrastando encargos da semana passada, ou até do mês passado, para o hoje? Por que você não consegue levá-los a cabo? É realmente necessário lidar com todas essas coisas? Se não, delegue-as. Caso contrário, o que está impedindo você de encará-las?

Questões importantes não resolvidas acarretam um peso enorme. Transformam-se num ônus para nossa mente. Se você as está arrastando para o presente, talvez seja o momento de se compactuar com menos – ou seja, diminuir a sua carga atual de trabalho – com o intuito de encontrar o equilíbrio. Que arestas podem ser aparadas para você abrir caminho no meio da bagunça em que se acha atolado? Do que pode se desapegar, e o que deve conservar? Uma vez determinado o que será conservado, é hora de elaborar uma estratégia e cumpri-la. É possível que você tenha que trabalhar até altas horas durante um certo período para finalizar o projeto que o está atormentando. É penoso o fardo das preocupações de ontem trazidas para o agora. É hora de traçar um plano de ajuste e desfrutar de paz. Comprometer-se a ir até o fim não é o pior propósito quando considerada toda a tensão mental, emocional e espiritual que você tem enfrentado ao levar o passado para o presente – contanto que esta seja uma estratégia transitória, e não um estilo de vida.

Desafios com motivação revelam-se um exercício de foco, atenção e energia. Ir à academia diariamente costuma quebrar a monotonia. Mexa-se e movimente as coisas um pouco. O maior problema é arrastar o déficit de tempo adiante e não enxergar uma saída.

Conceber um plano é somente metade da batalha. *Manter-se fiel ao plano é a parte difícil.* Claro, casualidades acontecem, assim como reveses ocasionais. Porém empurrar todas as obrigações para sexta-feira é uma atitude pouco saudável. O objetivo de hoje é criar um plano para a sua lista de tarefas e depois segui-lo ao pé da letra.

A melhor maneira de fazer as coisas é avançar gradualmente. Vasculhe a sua agenda e estabeleça metas para metade de cada um dos dias – para um naco do tempo –, e empenhe-as para atingi-las. Seja realista quanto às suas expectativas em relação a si mesmo, combinando-as com uma ética de trabalho saudável e sustentável. Ao final de cada dia, que tudo esteja terminado para que você possa ir para casa sentindo-se pronto para desfrutar de algum tempo pessoal ou com a família. Caso esteja muito atrasado, elabore um *plano de reembolso da dívida do tempo* e siga-o ferreamente até haver recuperado o terreno perdido. Tal como acontece com o dinheiro, é necessário descobrir onde está acontecendo a sangria do tempo e solucionar quaisquer pendências. Esta prática irá melhorar o seu comprometimento com novos itens da sua agenda e ajudará você a cair na real e a se levar a sério. Todos nós temos muito trabalho a fazer. O que é bom. A forma como lidamos com isto determina se iremos prosperar ou sucumbir sob o peso dos nossos fardos. Hoje você precisa realizar a escolha certa e assumir o controle do seu tempo.

DIA 26
Quando fazer todo o possível

Os tempos não são iguais. Há momentos do dia, horários na semana, estações do ano e até fases da vida em que você precisa se debruçar sobre determinadas questões e dedicar mais horas à sua carreira ou projetos. Isto é natural.

Antigamente íamos caçar ao anoitecer ou ao amanhecer, quando os animais saíam para beber água. Ao meio-dia repousávamos, protegidos do sol escaldante. Quando nos tornamos agricultores, semeávamos, cultivávamos o solo e fazíamos a colheita nas épocas apropriadas. Normalmente contávamos com o inverno para descansar, nos restabelecer e recuperar o fôlego. Tudo estava relacionado à natureza e nos movíamos ao sabor de seus ciclos. Chegada a colheita, todo mundo punha a mão na massa e era longa e árdua a carga de trabalho.

E hoje? Luzes artificiais, controle de temperatura, comida congelada e prazos finais insanos nos mantêm numa correria sem que qualquer pausa para recuperação esteja incorporada à nossa rotina. Faltam-nos períodos de descanso e nos pressionamos em demasia. O velho ditado *"Cada coisa no seu tempo"* é bastante adequado ao nosso estilo de vida atual, pois, mais do que nunca, deveríamos estar focados nos ritmos naturais de nossa atenção e energia.

Portanto, como planejarmos cuidadosamente o grau do nosso esforço a fim de maximizarmos os resultados e usufruirmos de mais folga?

Esta é a lição de hoje. A maioria das pessoas costuma se sentir mais cheia de energia – atrelada à objetividade, entusiasmo e ímpeto – pela manhã. Se este é o seu perfil, então programe o dia para concluir as obrigações cruciais logo cedo. Todavia, se você é o tipo que carece de algumas horas para engrenar, é provável que o meio do dia ou o início da tarde sejam os seus horários mais favoráveis.

A despeito de desaconselhável para a maioria, algumas pessoas simplesmente se encontram mais energizadas à noite e assim é quando executam melhor as suas funções. Se for este o seu caso, como você tem organizado sua vida levando tal particularidade em consideração?

O ponto-chave está em saber quando você atinge o seu pico de energia e programar os negócios ou tarefas principais de acordo. Analise os seus hábitos hoje e a acumulação de seus encargos. Por acaso há algo planejado para as 16h que o deixa tenso desde já? E quanto àquele trabalho que você pretende realizar à noite, depois que as crianças forem dormir? Sim, algumas obrigações são inevitáveis em curto prazo; contudo, vamos observar de perto esses padrões e decidir o que pode ser alterado.

Verifique sua agenda – é provável que seja necessário fazê-lo continuadamente – e comece a efetuar modificações sempre que possível. Muita gente bem-sucedida adota a prática de reservar o período de 8h às 11h da manhã para lidar com as tarefas mais importantes. Você pode fazer pequenos intervalos a cada 30min ou 60min; contudo, atenção: nada de telefonemas, e-mails, ou trocas de mensagens. Concentre-se no que quer que você tenha designado para aquele horário específico e *cumpra-o*.

O mais relevante sobre cumprir nossas obrigações é a paz de espírito experimentada. Por quê? Porque ao ser levada a cabo, uma tarefa da nossa lista é enfim removida da nossa mente. Já não é algo que agonia você e que não sai da sua cabeça. Reflita sobre este conceito hoje.

Quanto do seu estresse procede do excesso de trabalho e quanto pode ser atribuído à sua maneira ineficiente de trabalhar? Como você se sentiria se desempenhasse melhor as suas tarefas, além da satisfação cotidiana de dever cumprido? Será que conseguiria ir para casa e relaxar com mais facilidade? Sua família não teria a oportunidade de desfrutar mais da sua presença?

Sem dúvida!

Verifique onde você pode abrir espaço em sua agenda para tirar alguma folga hoje e analise os seus compromissos futuros. Faça os ajustes quando possível e observe o que acontece. Quando éramos crianças, saíamos para brincar depois de terminar o dever de casa. Quanto tempo passou desde que você viveu essa experiência pela última vez? Trabalhe duro enquanto estiver cheio de energia, então relaxe e brinque a valer. E sem culpa.

DIA 27
Tempo eterno

As religiões e filosofias da Antiguidade falam muito sobre eternidade. É fácil para nós escutarmos o que dizem e pensarmos: "Ah, claro, céu e a tal vida após a morte, esse negócio do nirvana, já sei, já sei", e seguir adiante com o nosso dia. Hoje vamos desacelerar e dar uma olhada ao que a eternidade alude.

O simples fato de que estamos tentando abordar essa questão é um desafio. À medida que definimos algo contribuímos para torná-lo definitivo de modo que possamos identificar o que aquilo é *versus* o que não é e atrair a nossa mente para a sua órbita. Tornar algo conhecido requer de nós traçar um círculo ao seu redor, delimitando-o, a fim de que nossa mente possa compreendê-lo conceitualmente.

Então como agir em relação ao conceito de *infinito*?

Eternidade implica infinito, representado pelo número 8 na horizontal, a linha que cruza sobre si mesma indicando perpetuidade. É difícil definir alguma coisa que não retarda o ritmo, ou se detém, segundo a nossa vontade. Ninguém é capaz de agarrar o vento.

Quando os antigos falavam do tempo eterno, devemos presumir o que *pretendiam exprimir*. Eles se referiam a um lugar onde tempo e espaço não existem. Quer você o denomine céu ou transcendência, trata-se de um lugar atemporal e cheio de potencial. Acabamos, assim, num atoleiro semântico quando mencionamos lugares como o céu, onde o tempo é eterno. Mas será que compreendemos, verdadeiramente, as suas implicações? Por eternidade entende-se sem fim.

Hoje vamos nos debruçar sobre este conceito. Se você acatasse a suposição de que o seu espírito – ou consciência – são eternos, o que isto revelaria a seu respeito? Que *nunca haverá um fim para você*. A pessoa que você realmente é sempre esteve e para sempre permanecerá aqui. *Você* está fora do tempo. Sua existência não tem começo nem fim, portanto subsiste num fluxo infinito de tempo que não é linear.

Pense sobre isso. Pense muito bem.

Estamos tão determinados a definir as coisas em termos de presente e a entender a realidade que a noção de eternidade fragmenta a nossa mente. Não somos capazes de pensar sobre isso porque, sinceramente, não há nada o que pensar; o que não significa que *tudo* esteja embutido no nada, e vice-versa.

Hoje, passe alguns momentos contemplando a essência do infinito. O que significa ser verdadeiramente eterno? Que parte de você perduraria? Ao se imaginar daqui a 5.000 anos, como você se enxergaria? Se você nunca fosse morrer, como isso mudaria a forma como você vê o hoje?

Como você pode se abstrair e se conectar com o seu eu eterno? Seu corpo desvanecerá, adubará flores e desaparecerá, mas e quanto ao seu espírito, a consciência que habita seu coração? Para onde vai esse espírito? Onde ele se acha agora? Como é possível acessá-lo?

Isto é trabalho sério.

Escave fundo e conecte-se com o seu "eu" por trás das construções artificiais e das defesas do ego.

Escave fundo para dentro de quem você realmente é.

O trabalho de sua vida deveria girar em torno de encontrar esse espírito, cultivar sua presença e solidificar sua conexão com ele. O seu eu eterno é a joia que você tem andado à procura e que está dentro de você. Ao reduzir gradualmente todo o alarido e dissimulação, você irá descobrir o seu verdadeiro eu. Reflita sobre esta questão sem pressa, e sua relação com o tempo jamais será a mesma.

A sua dimensão eterna é o seu verdadeiro eu.

DIA 28
Tempo para recuperar o fôlego

Hoje vamos nos lembrar daquela sensação experimentada quando fazemos exercícios cardiovasculares e precisamos parar um pouco para recuperar o fôlego. Não é algo que nos invada sorrateiramente, caso tenhamos consciência corporal, embora todos nós saibamos como é ficar ali parados – num canto da quadra, ou no meio da trilha – ofegantes e tentando recuperar o fôlego.

Corredores de longa distância, nadadores, jogadores de futebol e praticamente todos os atletas de elite compreendem que a chave para não empacar nessa situação é *manter o ritmo*, ficar aquém do seu limite. Isto significa não se forçar em demasia, a fim de não ser imprescindível parar para se recuperar, e também exige consciência de nossos limites. Todos nós os temos e estes tendem a oscilar, dependendo de quantas horas dormimos, da comida que ingerimos, do nível de estresse, idade e se estamos doentes.

Agora pensemos sobre isso no contexto da sua vida. Você vive sua vida como se fosse uma série de corridas de curta distância, que acabam levando-o para a beirada da pista, arquejante? Esta é a melhor maneira de avançar?

A maioria de nós vive no limite e com frequência o ultrapassa diariamente. Assim, vamos para casa aos trancos e barrancos e desabamos no sofá depois de nos desgastarmos por completo no trabalho. Ou talvez já cheguemos esbaforidos ao escritório, o que explica a impressão de que há sempre um incêndio a ser apagado. Talvez estejamos correndo tanto dos nossos problemas pessoais, que não nos resta mais nada para oferecer aos nossos entes queridos.

Hoje a sua tarefa é perguntar a si mesmo, francamente, como você tem administrado sua vida. Qual é o seu limite hoje? Quanta energia você pode gastar, de modo razoável, e ainda sentir que lhe sobra gás, que lhe é possível conservar o bom humor e ser resiliente o bastante para se defender de uma minicrise ou de quaisquer outras coisas que a vida põe no seu caminho? O que será necessário para você respeitar o seu tempo e conseguir lidar com as obrigações diárias sem hesitar? Você precisa desacelerar um pouco? Talvez assumir menos compromissos e cumprir os seus deveres com mais objetividade e foco? Do que você carece para ser capaz de alcançar essa meta?

Se o percurso é de 300km, partir numa correria desabalada e consumir sua energia não irá conduzir você ao seu destino. A vida é longa. Sua presença é importante para a sua família. Você tem muitos mais anos para desfrutar neste planeta. Por acaso você está correndo numa velocidade que conflita com tudo isso?

Comece a elaborar uma lista das coisas que você deve suprimir e, então, planeje como fazê-lo. Talvez sejam necessárias algumas conversas com o pessoal do trabalho, ou com a sua família. Efetuar ajustes é um sinal de maturidade. Os corredores aprendem a regular suas passadas. Os velocistas estão super-relaxados antes do início da corrida. Veja o que é preciso para atingir esse equilíbrio em sua vida, porque, quando você *está* respeitando o seu tempo, algo mágico acontece. A qualidade do tempo desacelera e as coisas se revestem de uma característica *zen*. O tempo comprimido, resultante de um estilo de vida marcado pelo corre-corre e afobação, parece mais estressante. E é mais estressante. Encontre um ritmo que funcione em longo prazo e lembre-se de respeitar o seu tempo. Isto mudará sua vida.

DIA 29
Sabedoria do leito de morte

Raramente ouvimos aqueles à beira da morte dizerem o quanto se arrependem de não haverem trabalhado mais. Em geral lastimam o tempo perdido trabalhando e longe dos entes queridos. Talvez lamentem ter alienado as pessoas que lhes eram próximas, ou se perdido numa certa altura da vida. O arrependimento é sempre alguma coisa mais profunda e mais humana.

E quanto a você? Alguma vez você já parou para analisar o seu comportamento?

Bem – esta é a prática de hoje.

Tire alguns instantes e sente-se num lugar sossegado. Feche os olhos e respire, concentrando-se no baixo ventre. Acomode-se sem pressa e relaxe.

Agora comece a pensar em você no futuro, no seu leito de morte, relembrando os anos vividos. Pelo que você é grato? O que lhe trouxe mais alegria? Reflita sobre isso e sonde os seus sentimentos. Assimile-os.

Faça o inverso agora. Que arrependimentos você guarda? Em que momentos você acredita haver desperdiçado o seu tempo e energia vital? Valeu a pena? Como você acabou trilhando este caminho e o que poderia ter sido evitado? Onde você ficou empacado e se desviou da sua trajetória de vida? Sonde os seus sentimentos. Assimile-os.

Demore-se alguns minutos neste estágio e identifique o que você está testemunhando. Permita-se invadir pelas emoções. Deixe-as sedimentarem.

Agora é hora de reprogramar. Pegue uma caneta e um bloco de papel – ou anote neste livro, ou digite no celular.

Se o seu *eu* futuro – em seu leito de morte – estivesse falando com o seu *eu* atual, que conselhos lhe daria?
- O que lhe seria dito para evitar?
- No que lhe seria sugerido se apoiar?
- Onde você deveria gastar sua energia?
- Em que você está desperdiçando o seu tempo e a sua vida?

Consinta que este diálogo aconteça. Sinta-o. Escute-o.

O que o seu *eu* futuro pensa a respeito de onde você se encontra agora e sobre como está gastando o seu precioso tempo? Será que você poderia estar fazendo as coisas de um modo diferente? Talvez tomando decisões melhores? É provável que demore um pouco até você sair da confusão em que se acha imerso; todavia, quais são os próximos passos necessários para colocá-lo numa direção mais acertada?

Prometa ao seu *eu* futuro que você não vai desperdiçar sua vida. Prometa que irá alterar e modificar o seu jeito de agir a fim de erradicar aqueles arrependimentos dolorosos. *Comprometa-se* a realizar as mudanças e, então, decida qual será o próximo passo sensato a dar. *Dê esse passo hoje*.

De vez em quando feche os olhos e retorne a esse cenário. Você está bem encaminhado? Da perspectiva do seu leito de morte, você está operando mudanças e avançando na direção certa? Você consegue ver um sorriso no rosto do seu *eu* futuro à medida que essa realidade se torna manifesta? Ótimo. Caso contrário, efetue ajustes!

Esta prática pode se converter na sua luz-guia nos anos que hão de vir. Irá ajudá-lo a manter o rumo e a investir o seu tempo nas pessoas, atividades, sonhos e possibilidades certos.

DIA 30
Jardinagem

Uma das melhores maneiras de desacelerar e conectar-se com a terra é através da jardinagem. Esta é uma arte que nos ensina paciência e nos ajuda a compreender os ciclos da vida. Leva tempo para uma semente brotar e, dependendo do tipo de planta, são necessários meses para os resultados pretendidos serem alcançados. Passam-se anos até que algumas árvores frutíferas amadureçam e deem frutos.

Coisas boas chegam para aqueles que esperam, a despeito de nossa cultura nos induzir a ir sempre tão depressa e tão longe quanto possível, até desmoronarmos. Somos compelidos a desejar satisfação imediata no mundo de hoje e nada é rápido o suficiente. Ficamos impacientes quando uma página da internet custa a carregar e buzinamos se alguém à nossa frente não arranca assim que o sinal verde abre.

A jardinagem nos auxilia a moderar tal tendência.

Demoramos a entender que a vida requer tempo para germinar e que os ritmos naturais são cíclicos. Há tempo para semear e tempo para colher. Há tempo para trabalhar o dia inteiro e tempo para descansar.

Hoje, entre no seu jardim. Caso você já o tenha semeado, passe, verdadeiramente, um tempo ininterrupto cuidando do que o cerca: examine as folhas, aspire o odor do solo, pode e corte o que for necessário e observe como cada planta está crescendo. Se você não tem nada plantado, é hora de comprar. Poderia ser um tomateiro ou, na falta de espaço, talvez um cacto sobre a bancada da cozinha. O fundamental é conectar-se com uma planta ou uma semente – que carrega em si energia vital e informação – e cultivá-las.

O crescimento é lento, porém estável.

As condições certas são essenciais para o sucesso.

A jardinagem traz sanidade à nossa vida e nos proporciona uma poderosa metáfora natural que nos serve de filtro contra a *insanidade* da vida moderna.

Conservar uma planta viva implica um ritual – regá-la, adubar a terra, manter os mesmos tipos de cuidados regularmente. Desacelere e desfrute do processo. Estabeleça metas para uma estação do ano e elabore um projeto para garantir uma colheita abundante. Olhe para frente e *planeje com antecedência* a fim de compensar o estresse resultante das expectativas desmedidas que você alimenta em relação a si mesmo.

Conecte-se com a vida.

Existe um vigoroso circuito que é ativado quando tocamos a terra e nos conectamos com a vida na sua forma natural. Você saberá como é quando experimentá-lo. Se porventura já o experimentou, então volte para a terra. Se tudo isto é novidade, bem, aproveite a experiência incrível que você está prestes a viver.

DIA 31
Estrutura vem antes do trabalho

Entre os carpinteiros circula um velho ditado: "Meça três vezes, corte uma". Talvez isto lhe pareça mais trabalho logo de saída, porém ajuda a evitar erros dispendiosos que sugam tempo e dinheiro. Trata-se de uma abordagem ponderada da vida que inclui uma palavra praticamente sumida do nosso dicionário: planejamento.

É tão fácil tomar decisões precipitadas hoje em dia. O *marketing* nos induz a ser impulsivos e comprar coisas antes de considerarmos a sua importância ou o seu real valor para nós. Este é um proceder que, atualmente, tem migrado para várias áreas da nossa vida e, então, mergulhamos em águas desconhecidas sem verificar a sua profundidade.

Hoje iremos desacelerar um pouco. No mundo dos negócios, outra máxima corre solta: "Estrutura vem antes do trabalho". Portanto, se mapeamos nossa trajetória e elaboramos um plano, o trabalho se torna óbvio e mais fácil. Por outro lado, fracassar no planejamento é planejar fracassar.

Vamos analisar sua vida neste contexto.

Você está tomando atitudes meramente reativas às suas circunstâncias imediatas? Quanto tempo você gasta voltando atrás para anular decisões impensadas? Com que frequência você se surpreende retornando ao shopping para devolver coisas que agora não lhe parecem mais necessárias? Este é um tempo valioso usado para corrigir hoje as más decisões de ontem. E quanto às lesões físicas? Você foi para a quadra sem se alongar de novo? Como a dor nas articulações e a rigidez muscular persistiram, dificultando a continuidade dos exercícios, talvez, você tenha sido obrigado a passar 2h semanais recebendo massagens, além de aplicações diárias de gelo, para aliviar o incômodo causado pelo incidente. Valeu a pena agir assim, em vez de usar os 10min iniciais para se alongar?

Procure exemplos similares em sua vida. Em relação ao nosso tempo, é fácil permitir que a avareza traia a sensatez. Mas o feitiço vira contra o feiticeiro. E acabamos pagando caro.

No contexto do trabalho, quanto tempo você despende planejando o seu próximo passo, ou organizando as suas prioridades em lugar de se atirar na leitura dos e-mails que ocupam o topo da sua caixa de entrada? Se há toneladas de trabalho à sua espera, você vai empurrando-as com a barriga, ou consegue traçar um plano de ação? Este é o momento em que o tempo gasto pensando estrategicamente pode levar você a percorrer uma longa distância. Lousas brancas são ótimas para isso. Entretanto, é preciso organizar os pensamentos, e a chave está em criar alguma estrutura e depois preenchê-las com a sua energia. Reserve tempo na sua semana para se dedicar ao mapeamento de ideias e estratégias. Abra sua agenda e bloqueie alguns períodos hoje.

Como seria a vida se você não tivesse que voltar atrás, toda semana, para consertar as inúmeras confusões? Quão mais você realizaria num dia se tivesse apenas que pensar a respeito e desempenhar uma tarefa em vez de executá-la, refiná-la e revisá-la diversas vezes antes de seguir adiante?

Lembre-se: gastar energia é como gastar tempo ou dinheiro. É algo que simplesmente lhe escapa. A sabedoria resulta de aprender a direcionar o seu tempo, dinheiro e energia de maneiras que estes estejam ao seu serviço.

DIA 32
Escutando o barulho

Vivemos num mundo que nos bombardeia de sons. Por estar em toda parte, nós nos acostumamos com a poluição sonora na nossa vida diária. Antigamente ouvíamos os ruídos dos animais, um vasto canal de comunicação que nos informava sobre a localização tanto dos predadores quanto da nossa próxima refeição. Hoje, com a exceção de pneus cantando ou sirenes de ambulâncias, não são muitas as informações úteis contidas em todo o barulho que nos cerca. Todavia, ainda sentimos o seu impacto.

Nossos cérebros registram o som em algum lugar, bem no fundo de nós mesmos, precisamos responder à indagação levantada pelo sinal vermelho: isto é seguro? Porém, depois de algum tempo, a situação torna-se exaustiva. Por quê? Porque os sons são baseados em frequência; fluem em ondas, e em diferentes velocidades, e nos atingem e impactam quer os percebamos conscientemente ou não. Afinal, mais de 60% do nosso corpo é composto de água, portanto imagine como essas ondas chacoalham cada célula do nosso corpo.

O tempo também é baseado em frequência; é rítmico. Como você acha que o bombardeio constante dos seus sentidos por essas ondas sonoras afetaria a sua percepção do tempo? Iria perturbá-la? Apressá-la? Desacelerá-la? Tudo depende da sinfonia de sons na qual você está imerso e da sua recognição. É como uma sopa do tempo. Hoje, quando estiver num espaço público, simplesmente pare e ouça o barulho ambiental. É reconfortante, ou o seu corpo, de alguma maneira, está lhe dizendo: "Tire-me daqui"? Crianças não são capazes de filtrar a balbúrdia e é fácil notar como uma criança pequena fica agitada em lugares caóticos e tumultuados. A cacofonia é perturbadora.

E nós, adultos? Bem, nós desenvolvemos camadas de defesas psicológicas – lidamos com a barulheira e permanecemos impávidos. Mas por quê? Como a balbúrdia está perturbando a sua mente e alterando a sua capacidade de relaxar?

Hoje, pare para sentir o que acontece. Durante alguns segundos, absorva os sons ao seu redor. Faça isso diversas vezes e apenas *sinta* o que está ocorrendo no seu interior.

Caso decida que um determinado ruído é inquietante, você pode se afastar, pedir às pessoas para se calarem, colocar fones de ouvido, ou escutar uma música de seu gosto, sobrepondo-a ao padrão de frequência reinante. A moral da história é não ficar ali parado e aguentar tudo impassível. Ninguém é forte o bastante para escapar incólume à poluição sonora. É apenas uma questão de quando e como a gente estoura.

Qual é o sentido de se punir? A fim de se assenhorear de suas experiências e ter domínio sobre o tempo, preste atenção no barulho onde quer que você vá hoje e pergunte-se:

"Isto me faz sentir bem ou mal?"

"É algo perturbador ou acalentador?"

"Posso relaxar profundamente aqui, ou é como se eu estivesse sendo atacado?"

Talvez não seja possível você escapar do local onde se encontra; entretanto, estes questionamentos irão ajudá-lo a ter mais consciência do espaço em que se acha inserido e da *qualidade* do tempo neste espaço. Uma vez situado no tempo e espaço, você saberá onde está e poderá dar o passo certo, além de desenvolver uma percepção mais aguda de como o barulho afeta o seu humor.

Pare e escute.

DIA 33
Tempo com os pés no chão

Quando foi a última vez que você pôs os pés na terra? Junto à terra era onde os nossos ancestrais passavam a maior parte do tempo ocioso. Quer sentados ao redor de uma fogueira, reunidos num círculo, agachados numa caçada ou dormindo num catre, nossos antepassados estavam sempre num contato íntimo com a terra.

E isto faz maravilhas ao nosso corpo e mente. Em relação ao corpo, auxilia-nos a usar os músculos posturais para nos sustentarmos – sem as escoras dos acessórios modernos. Também contribui para alongarmos os quadris e os membros inferiores e nos dá um *feedback* sobre quais partes do corpo talvez estejam tensionadas.

Quanto à mente, ajuda-nos a nos vincular com o fluxo interminável de íons carregados negativamente que vêm da terra, o que não apenas auxilia a neutralizar inflamações em nosso organismo, como nos conecta com uma poderosa corrente de energia: a da Terra.

As Ressonâncias Schumann são a frequência do ruído de fundo ao nosso redor. Originadas do ambiente natural, tendem a pulsar numa ordem de 7,83Hz por segundo, o que é semelhante ao ritmo alfa do cérebro. O alcance da onda alfa – 8Hz a 10Hz – geralmente é associado à meditação e aos estados relaxados de consciência. Nos laboratórios especializados no estudo do cérebro, os adeptos contumazes da meditação, cujo cérebro está sendo mapeado por eletrodos de EEG, tendem a ser fortes nessa faixa de frequência durante a prática.

Imagine só! A Terra já está vibrando no comprimento de onda ideal. Alguns minutos em contato com o chão nos permite entrar em sincronia com essa frequência e desacelerar, atingindo um registro de tempo mais saudável e similar à meditação. A velocidade da vida moderna muitas vezes nos impele a nos mover em marcha acelerada e as pessoas ao nosso redor também são apanhadas neste frenesi; e o insano se transforma no novo normal.

Mas não para você. Não hoje.

Sente-se no chão, tire os sapatos e passe pelo menos 15min ali. O ideal é aproveitar estes momentos para alongar-se, rolar de cá para lá, cruzar as pernas na postura de lótus, ou o que quer que você desejar fazer. Procure uma posição confortável e desacelere. Respire mais devagar a fim de entrar em sintonia com o ritmo da terra sob o seu corpo. Sinta-a. Não cheque o celular ou fique absorvido assistindo TV. Permaneça onde está e observe como você se sente. No início lhe parecerá desajeitado e tedioso. Porém esta é a loucura do mundo falando ao seu ouvido. Você está melhor quando relaxado; quando sincronizado com o ambiente natural.

Evite qualquer monitoração do tempo enquanto executando esta prática. A esfera tecnológica é insana; não viva aí. Apenas a visite quando necessário. Viva em união com a natureza. Sinta-a sob o seu corpo e se permita desacelerar durante esta prática. A tecnologia é uma ferramenta; não confunda ferramenta com realidade.

Desacelerar não é fraqueza. Este é um meme tóxico. Você pode extrair energia da Terra e isto é capaz de mantê-lo num ritmo mais saudável o resto do dia.

Hoje a sua prática é um regresso ao lar, ao planeta Terra.

Sente-se e descontraia-se por alguns minutos.

DIA 34
Sorria

O *gong* de hoje é simples: você vai praticar sorrir o dia inteiro. Não precisa ser algo forçado, ou exagerado, mas uma atitude mental que o leve a se comprometer em transpor o fosso existente entre você e os outros com um simples sorriso.

Por quê? Porque somos programados para responder favoravelmente aos sorrisos. Eles são um quebra-gelo e um amenizador de humores. Olhe ao seu redor. A maioria das pessoas passa os dias aos tropeços, com a mente preocupada e o semblante fechado. É provável que você tenha sido uma delas até recentemente.

Hoje vamos romper este padrão.

Toda vez que você estabelecer contato visual com alguém, ofereça-lhe um sorriso caloroso, do fundo do seu coração. Aja assim incondicionalmente. Isto significa não ficar irritado se não obtiver nenhuma reação, se não for correspondido, ou receber um olhar carrancudo. O problema é do outro. Seu trabalho consiste em simplesmente espalhar cordialidade e amor, um sorriso de cada vez no transcorrer do seu dia.

Se você é o tipo que, em geral, não tem muita interação pessoal, proponha-se a ir a algum lugar onde as pessoas costumam se reunir e pratique o *gong* de hoje. Perambule pelo local e faça a sua parte, tendo um sorriso no rosto.

No final do dia, analise o que há de incomum. Como você se sente? O seu humor apresentou alguma diferença em relação a um dia normal? De que forma?

Você fez algum amigo, ou travou conversas que o acalentaram? Torne-se consciente das reações que a sua atitude despertou.

Um sorriso, na hora e no lugar certos, é capaz de derreter uma geleira. Você pode modificar a sorte de alguém com esta prática. Um sorriso seu talvez salve o suicida, ou ajude uma pessoa a tomar uma decisão melhor. Pequenos atos de beleza vão além da nossa capacidade de rastreá-los, ou entendê-los.

Deixe o calor fluir e observe como o seu dia dá uma reviravolta.

DIA 35
Beber do infinito

De onde vem a energia? Por que nos sentimos melhores quando pausamos e descansamos alguns minutos? De onde tiramos as forças que nos restauram?

Hoje é o dia de você parar e pensar a respeito. Na quietude do momento presente, você tem a oportunidade de acessar um tempo e espaço incríveis que lhe estão sempre disponíveis. Este é o lugar onde você não está habitando o passado ou preocupando-se com o futuro, mas apenas presente, no aqui e agora. É sobre este estado que os nossos mestres espirituais falam e talvez a nossa reação seja uma breve anuência intelectual, enquanto voltamos para a loucura dos nossos dias. Não hoje.

Hoje o seu *gong* é *parar o tempo* e beber do infinito.

O que isto significa?

Significa confrontar-se de hora em hora – programe o alarme do celular ou do computador – com esta importante pergunta e respondê-la: "O que eu estou fazendo neste preciso instante?" Qualquer que seja a sua resposta, pare o que estiver fazendo, inspire fundo algumas vezes e comprometa-se consigo mesmo a relaxar e a não desempenhar coisa alguma durante 30s. Este exercício é mais sobre aprender onde está o dial do que simplesmente acioná-lo – pelo menos no início. Ao longo do tempo você aperfeiçoará esta prática e perceberá como é este estado de "não fazer", ou "simplesmente ser". Sim, sei que agora parece maluquice. Tudo bem. Mas a cada hora, detenha-se por 30s, empenhe-se em relaxar profundamente e lhe será possibilitado um vislumbre.

Um vislumbre de quê?

Da infinita abundância de energia, tempo e potencial contidos na quietude do momento presente. Os místicos aprenderam a extrair energia, lucidez, sabedoria e bênçãos deste espaço, e nós somos estruturados com essa mesma capacidade. Apenas o esquecemos.

Considere o dia de hoje como o seu retorno a um estado primordial em que você podia explorar vastas reservas de energia dentro de si mesmo. Este espaço está somente à distância de uma mudança consciente. Uma vez encontrado o caminho, este será o maior tesouro que você jamais terá conhecido.

Agora pare e beba... beba do infinito.

DIA 36
Reduzindo os compromissos existentes

Hoje vamos olhar para o emaranhado com que nos defrontamos: os compromissos existentes em nossa vida. Com o tempo, tais encargos começam a se amontoarem e raramente os revisamos a fim de determinar se ainda nos convêm ou não. Alguns deles são vitalícios, alguns de longo prazo e outros intermitentes. Infelizmente alguns perduram além do que seria pertinente e precisam ser varridos de cena – o que quase nunca acontece. Casamento, filhos, carreira, saúde e relacionamentos são todos compromissos. Hoje vamos nos debruçar sobre aqueles que nos beneficiam e os que tendem a nos irritarem e esgotarem.

Elabore uma lista das suas responsabilidades. Lance, num papel, tudo o que lhe vier à mente. Os cachorros requerem alimentação, amor e passeios ao ar livre. A casa exige que a mantenhamos em ordem. São muitas as carências de nossos pais idosos. Anote todas as suas obrigações atuais. Tão logo as mais importantes tenham sido elencadas, sem dúvida lhe ocorrerão outras: o curso que você se comprometeu a fazer, o clube do livro do qual gostaria de participar, um projeto de reforma em andamento. Agora tudo com o que você está envolvido acha-se enumerado.

Entra ano sai ano, falamos sim e assumimos milhões de microcompromissos. De uma viagem para esquiar à confirmação de nossa presença num casamento; de optar por uma reunião on-line à simples compra de um livro – todas essas são incumbências. Com certeza você não comprou aquele livro apenas para colocá-lo na mesinha de cabeceira e ficar olhando para a capa, não é? Se para ler um livro você costuma levar um mês, quantos meses de leitura acumulada já não estão na sua conta? Isto é algo que nos estressa de uma maneira sutil, porque está sempre presente.

Repare como essas coisas se avolumam rapidamente à medida que você começa a listar e acrescentar tudo a que disse sim. Cada pequeno sim exige um pouco da nossa atenção, inteligência, alma e tempo. Não é de se espantar que a maioria das pessoas ande tão cansada!

Como diabos dar conta de tudo isso? Esta é a crise do mundo moderno.

Compromissos demais e tempo de menos. Para se assenhorear da sua vida, é necessário ter clareza em relação ao seu gasto atual de tempo e energia a fim de saber se você não está querendo abarcar o mundo com as pernas e, então, usar esse conhecimento como um *filtro* para auxiliá-lo a determinar o que mais você é capaz de realizar.

Hoje, olhe para o emaranhado de seus compromissos e pondere o que não está lhe sendo benéfico. Você pode voltar atrás? Como é possível fazê-lo com elegância? Talvez você tenha que se livrar de alguns encargos gradativamente, mas tudo bem. Observe em que ponto o seu tempo e energia mental estão aprisionados e elabore um plano responsável de saída para si mesmo. Ao começar a colocá-lo em prática, você perceberá quão desafiador é mudar um sim para um não em muitas circunstâncias. Esta atitude ajudará você a estar mais bem preparado para falar não às oportunidades que porventura surjam em seu caminho e que não lhe são propícias.

Pense sobre como seria a sensação de esvaziar o seu armário do tempo hoje. Observe quantas horas por semana você pode liberar com este exercício e crie o hábito de fazer uma boa faxina nos seus compromissos. Não há vitalidade numa vida estressada. Não há vida a ser vivida se não há tempo para desfrutá-la.

DIA 37
Revirando o local de trabalho

O trabalho é um local onde tendemos a resvalar num sono entediante. Nós chegamos e nos ocupamos com as tarefas à mão. Nosso tempo é sugado por nossos projetos e há dias em que mal erguemos o olhar e nos lembramos de cuidar de nós mesmos.

Hoje vamos agitar um pouco este caldeirão. Rearrume as fotos sobre a sua mesa. Troque os quadros de lugar nas paredes. Se possível, altere todo o seu espaço de trabalho. O objetivo é invadir a sua área ambiental de trabalho para romper o seu padrão.

Você está por demais acostumado com a configuração do que o cerca; o que não apenas induz ao sono e entorpece os sentidos como nos rouba, de fato, a centelha do entusiasmo e a criatividade. A consciência espacial instiga nossos corpos a permanecerem mais alertas e nossos cérebros a operarem de maneira mais integrada. Isto é bom.

Revire tudo o que puder e de tal forma que o seu espaço esteja agora diferente. Observe como você se sente. Talvez você vá ter que regar algumas plantas, queimar incenso, tirar o pó dos quadros, ou organizar estantes de livros. Isto é saudável. Barafunda anestesia a mente. A energia bloqueada no seu ambiente bloqueia a energia que flui em sua vida. E eis aí algo que você não quer.

Mescle as coisas hoje e veja como você se sente. Então passe alguns minutos ponderando sobre o que está atravancando o seu caminho no trabalho. Você consegue enxergar em que pontos tem estado empacado? Quem sabe não é hora de zerar a sua velha lista de tarefas a fim de também desobstruir o seu espaço mental?

O que vemos ao nosso redor muitas vezes espelha o nosso estado interior.

Corrigi-lo de fora para dentro pode nos ser bastante útil.

Divirta-se no processo.

DIA 38
Sonhando acordado

Não raro você se surpreende sonhando acordado? Para onde você tende escapar? A respeito do que costuma pensar?

Muitas vezes reproduzimos cenas do jeito que gostaríamos que acontecessem, ou nos imaginamos fazendo algo que nos causa temor. Talvez você se veja de férias, aproveitando o sol, longe da vida sombria em que se acha enfurnado. Aonde você vai?

É normal e saudável sonhar acordado. Trata-se de uma bela parte da nossa experiência humana, entretanto, por haverem perdido o controle sobre tal estado, tornou-se algo perturbador para muitas pessoas. Necessitamos de válvulas de escape criativas para nossos pensamentos e emoções e grande parte desse processo acontece enquanto dormimos, através dos sonhos. Infelizmente muita gente enfrenta problemas de sono, o que implica ausência dos sonhos noturnos. Assim, estes transbordam para o dia. O cérebro carece de liberação.

Para alguns, nunca há tempo suficiente para ficar à toa, ou ser criativo. Nosso sistema escolar também tem uma expressiva parcela de culpa nesta história. Dê as caras, fique sentado e de boca fechada, ouça, mantenha-se acordado, faça a prova e vá para a aula seguinte: não sobra espaço para a imaginação ou criatividade na mente das crianças. E essas crianças somos nós.

Pense na última vez que você esteve sonhando acordado. Foi agradável, ou você se flagrou indo longe demais? Você estava aferindo lembranças antigas e digerindo informações, ou apenas flutuando no reino da imaginação? A dívida do tempo nos induz, constantemente, a querer pôr em dia os pensamentos de ontem. Trata-se de *indigestão mental*, e a maioria de nós é culpada desta situação, pois acumulamos os eventos de uma forma tão rígida que não há tempo para absorvermos o que acabou de acontecer.

Bem, esta absorção tem que ocorrer em algum momento, e talvez seja isto o que você esteja fazendo.

Se sonhar acordado se transformou em algo perturbador na sua vida, então é hora de analisar o que está faltando na sua rotina diária típica e como é possível agregar mais tempo criativo para devanear. Talvez você necessite sair mais vezes para caminhar. Talvez seja o momento de pegar aqueles velhos pinceis e tintas e dar asas à imaginação. Cada pessoa tem um canal diferente. Do que é que você precisa?

Não existe nada errado com devaneios. Nossos ancestrais tinham o hábito de tirar cochilos no meio do dia, ou apenas perambular quando o sol estava a pino. Durante os frígidos invernos, trancafiavam-se em suas cabanas. E sem TV! Imaginação, histórias, criatividade, e, sim, devaneios, constituíam uma boa parte de como passávamos o tempo. Onde você está encontrando essas válvulas de escape atualmente? Como é possível construí-las a fim de se sentir inteiro?

É verdade que há lugares e momentos mais adequados para sonhar acordado e talvez por esta razão devanear tenha se convertido num fator tumultuante na sua vida. Onde você é capaz de abrir espaço para esta necessidade humana essencial a fim de continuar focado no trabalho? Como você pode alterar um pouquinho a sua rotina para possibilitar a existência de uma válvula de escape criativa?

O exercício de hoje requer reservar algum tempo – cerca de 20min – para brincar de sonhar acordado. Pense numa viagem que você gostaria de fazer. Visualize as paisagens, os sons, as texturas do lugar. Feche os olhos e imagine-se lá. Agora caminhe e explore este reino em sua mente. Sorria e observe o desenrolar do enredo.

Como você se sente depois? Esta prática ajuda a reduzir o nível do estresse e a atividade elevada da onda beta no cérebro. Também possibilita o aumento da frequência theta, o que contribui para fomentar a saúde geral do cérebro da maioria das pessoas ocupadas. Theta é uma frequência de onda confortável para o cérebro operar de tempos em tempos; é como se fosse a marcha mais lenta do carro, que nos permite avançar sem acionar o motor o tempo todo.

Inserir devaneios em sua vida pode ser incrivelmente terapêutico. Desfrute do processo – ah, sim, você tem permissão para aproveitar.

Grande parte das pessoas se sente culpada a respeito. Não o faça.

DIA 39
Auditoria do tempo

Hoje faremos uma auditoria do escoamento do nosso tempo. Tal como acontece em relação a dívidas, a primeira medida para solucionar o problema é identificar onde estão as perdas. Não deixaremos pedra sobre pedra. Anote o que você realiza durante todo o dia, sem julgar. Vamos analisar onde o seu tempo anda sendo sugado.

O primeiro passo é consultar sua agenda. Trata-se de um reflexo acurado de como o seu dia transcorre? Caso contrário, como é possível alinhá-la à sua realidade? Onde estão aqueles períodos que permitem usos aleatórios do seu tempo?

Em seguida, no celular ou *notepad*, programe o despertador para tocar a cada 15min. Tão logo ouvir o alarme, PARE e escreva imediatamente o que você esteve fazendo *nos últimos 15min*, tão detalhadamente quanto possível. Assinale o que considerar desempenhos pouco eficientes. Repita este processo o dia inteiro, do acordar à hora de deitar-se.

Sim, sei que talvez pareça uma chateação, mas você acabará descobrindo alguns dados valiosos. Isto não quer dizer que não lhe seja permitido relaxar, ou tirar uma folga. De jeito nenhum! De fato, o que nos move é a esperança de usufruir de mais tempo ocioso *sem experimentar qualquer espécie de culpa*. Como atingir tal objetivo?

Levando a nossa auditoria do tempo muito a sério.

Hoje, analise as ocasiões em que temos a sensação de estar ocupados, mas não obtemos resultados. Como é possível você conseguir executar seu trabalho ou tarefas com mais eficácia de modo a poder desfrutar de mais momentos de descontração no decorrer do dia? Talvez você nunca tenha tido tempo para se exercitar: esta é uma prática capaz de ajudá-lo a resgatar aqueles esquivos 30min capazes de mudar sua vida.

Nada disso significa que você tem que se tornar um robô e marchar pelo dia afora. É simplesmente um exercício de *conscientização*. Você precisa saber para onde a sua preciosa energia vital – medida em tempo – está indo a fim de determinar se sente feliz ou não. Se você está satisfeito, ótimo – é sinal de que se acha em boa forma. Se não, esta prática irá revelar diversos setores em sua vida nos quais você poderia começar a trabalhar.

Torne-se melhor estando consciente e presente.

DIA 40
Tempo e dinheiro

Trocar tempo por dinheiro é uma armadilha em que a maioria das pessoas do planeta se acha aprisionada. E é uma droga. Seu tempo, precificado, é a métrica da sua vida. Quando esgotado, sua vida acaba. Pôr um valor nisto é desafiador e, francamente, um tanto ofensivo.

Façamos algumas contas rápidas: se você ganha 30 dólares por hora e tem mais 20 anos de trabalho pela frente, irá receber pouco mais de 1,2 milhão de dólares *em troca do resto da sua vida*. Ok, você usufruirá de algum tempo com a família, de algumas horas de sono e aproveitará os fins de semana, porém a verdade é que este é o seu valor para a sociedade, ou para a economia. Sim, o seu preço pode subir em virtude de um trabalho de melhor qualidade, porém hoje refletiremos sobre as maneiras de você se libertar do comércio tempo *versus* dinheiro.

Que tal desenvolver um projeto on-line, como uma atividade paralela, que gere mais dinheiro? Serão necessárias horas adicionais para configurar e supervisionar o projeto, claro, mas não será possível automatizá-lo e dimensioná-lo para que lhe renda dividendos enquanto você dorme? Quem sabe você possa investir em imóveis para sacar e reinvestir o seu dinheiro, de modo que o seu capital "trabalhe" para você? Se a sua resposta for sim, pense a respeito.

A questão é vir a perceber que trocar tempo por dinheiro é limitador e que – em especial com o surgimento da internet – existem opções. Ao lançar mão de alternativas, o dinheiro extra – oriundo de uma ocupação secundária – pode *recomprar* parte do seu tempo dedicado ao trabalho, abrindo-lhe a oportunidade de retomar os estudos, tirar férias, malhar, ou desfrutar da companhia de pessoas queridas. O fato é que você terá esse tempo de volta para *viver sua vida*.

O ideal é você se dedicar a um bico cuja receita corresponda ou exceda suas contas. Alcançado este patamar, cabe-lhe decidir permanecer ou não no seu emprego atual. Você pode guardar os rendimentos no banco e comprar um futuro melhor para si, ou simplesmente relaxar e jardinar o dia inteiro.

Esta é a promessa real do capitalismo que tem se perdido em traduções. Você não carece de mais coisas para encher sua casa. Mas e quanto ao tempo? Se você pudesse liberar o seu tempo e o desvincular do relógio de ponto, como o gastaria?

Pondere sobre isto hoje. Quando considerar haver atingido uma certa objetividade anote o que lhe ocorrer e planeje. A objetividade nos concede uma visão pela qual nos empenhar. Assim, você pode sentar-se e fazer a engenharia reversa em relação à renda que lhe seria necessária para contrabalançar os ganhos do seu emprego atual. Se a sua visão for empolgante o bastante, você usará este entusiasmo para pesquisar opções e encontrar um caminho. Provavelmente será preciso muito trabalho duro para incubar este novo projeto – cuidado com a besteira de enriquecimento rápido –, entretanto, no fim, você verá que as consequências e o seu tempo investido podem resultar em *liberdade de tempo*.

Visualize uma vida em que você não precisa trocar tempo por dinheiro.

Agora trace um plano e caminhe rumo a esta visão.

DIA 41
Oração

A oração costumava ser uma parte central da vida. A maioria das pessoas dedicava-se a esse ritual diariamente e nele encontrava muita paz, conexão e consolo. Atualmente são milhares os que vêm abandonando as religiões tradicionais e procurando respostas em esferas variadas. Há um número crescente de pessoas que, ao questionar e buscar a verdade e o sentido da própria existência, são levadas a incontáveis coisas boas. Entretanto, é provável que a oração tenha sido rejeitada em meio a outros descartes.

Diversos estudos mostram os benefícios da oração sobre a saúde. Tal prática reduz nosso estresse e contribui para acalmar nossa mente. Se você é religioso, a oração o conecta com a divindade e o conduz a um lugar maravilhoso. Não sendo você religioso, então este é um patamar mais difícil de chegar. Portanto, talvez hoje se torne um dia de praticar a gratidão.

A essência da oração é, geralmente, uma oportunidade de desacelerar e nos conectar com Deus – ou com o nosso *eu* superior. São inúmeras as tradições e opiniões a respeito desta questão, assim, sem entrar em muitos detalhes, vamos manter o nível alto e fazer algo capaz de ajudar a todos nós neste aspecto. Se você está alinhado a uma determinada tradição religiosa, siga-a.

Tire 10min para estar num local sossegado. Certifique-se de que possa ficar sozinho, o que significa desligar o celular.

Ponha ambas as mãos sobre o coração e um sorriso no rosto. Inspire e expire devagar, abrindo a região do peito e aquecendo-a.

Quando se sentir bem acomodado, comece a pensar nas coisas pelas quais você é grato. Dê graças por elas. Enumere suas bênçãos.

Após alguns minutos, dirija sua atenção para o que existe ao seu redor. Pense nas pessoas importantes de sua vida. Enquanto pensa nelas, deixe o calor inundar seu coração e, aos olhos de sua mente, envie o amor de seu coração para o coração delas. Inunde-as de amor e apreciação. Detenha-se e esquadrinhe sua mente em busca de pessoas a quem banhar de amor.

Agora foque sua atenção em alguém que, a despeito de não pertencer ao seu círculo íntimo, está presente em sua vida. Não importa você não saber por que determinada pessoa foi a primeira a surgir na sua tela mental. Encharque-a de amor e de bondade também. Cumule-a de luz e traga em seu rosto um sorriso caloroso.

Se você tem uma prática baseada em alguma fé, siga-a daqui em diante. Caso contrário, continue procurando pessoas no seu mundo a quem banhar de amor e compartilhar a luz.

Retorne à ação de graças pelo que você possui, pelas pessoas em sua vida e pelas oportunidades que lhe foram concedidas.

Quando se sentir pronto para terminar esta prática, comprometa-se a realizar um ato de bondade aleatório hoje. O fundamental é que seja anônimo. Faça alguma coisa boa e significativa por alguém do seu círculo, porém não tente levar o crédito. Se esta for a sua maneira de ser caritativo, o seu ego será liberto do apego.

As organizações religiosas podem estar mudando, porém os nossos corações devem permanecer centrados na bondade. Hoje, encontre a bondade, ancore-se nela e faça emergir o que há de melhor em você *para os outros*.

DIA 42
As pessoas marcham em diferentes velocidades

Alguma vez você já encontrou alguém e, de repente, sentiu-se *diferente*? Há aqueles que o acalmam e o colocam à vontade, enquanto outros o deixam agitado e o irritam?

Às vezes isto está relacionado à velocidade em que as pessoas atuam, à frequência vibratória que emitem. Quão rapidamente estão vibrando? Quão barulhentas estão sendo? Imagine uma mosca zunindo no seu ouvido. Acelerada, agitada, enervante demais.

E o tal balconista que parece não se dar conta de que você tem outros lugares para estar além de permanecer, indefinidamente, na sua presença pegajosa? Sim, eis aí alguém em marcha lenta, uma situação frustrante hoje; pondere sobre como você pode mudá-la ou influenciá-la de uma forma mais positiva.

O fato é que todos nós operamos em velocidades diferentes o dia inteiro e algumas pessoas, bem, algumas gostam de engrenar uma determinada marcha que pode, ou não, nos ser convenientes. Pense no seu colega de trabalho que, movido por uma overdose de cafeína, destroça o seu estado de espírito descontraído. Mais devagar, amigo.

Portanto, como nos ajustarmos a este diferencial de tempo? O primeiro passo é reconhecê-lo. *Sentir* a qualidade do tempo no seu próprio corpo e no da pessoa com quem você está lidando. Você precisa equiparar sua velocidade à dela, ou é capaz de ajudar a ajustar a vibração reinante no ambiente conduzindo-a ao patamar de sua preferência?

Sim, isto é possível! E através de um exercício simples. Hoje a dinâmica será ajustar a sua respiração e desacelerar. Inspire fundo 20 vezes, concentrando-se no baixo ventre, e expire bem devagar, esforçando-se para reduzir o ritmo a cada nova respiração.

Uma vez conectado com o seu *eu* mais profundo, retroceda no seu dia e repare na alternância da sua velocidade. Cheque a cadência da sua voz e diminua ou acelere o ritmo conforme julgar apropriado. Com um pouco de prática, você descobrirá que não é difícil persuadir as pessoas. Você pode trazer paz e serenidade a um lugar encontrando-as primeiro dentro de si mesmo e, então, contribuindo para espalhá-las por intermédio daqueles que o cercam. Todos nós somos como antenas que captam vibrações ao nosso redor e, *simultaneamente,* as transmitem. É uma via de mão dupla; embora, infelizmente, não estejamos cientes do fato, o que nos tem levado um sofrimento imensurável.

Pois basta!

O exercício de hoje consiste em prestar atenção em como você se sente junto das pessoas com quem interage. Quão rapidamente elas estão zunindo? Estão rodopiando, ou vindo de um meio pacato? Você sente necessidade de se afastar, ou pode exercer alguma influência positiva sobre o grupo? Respire fundo, concentrando-se no baixo ventre, e acalme sua mente. Mude a cadência da sua voz e observe o que acontece. Brinque com isso e ajude a trazer mais paz para o mundo à sua volta.

É hora de reconhecer quão influente você é, quer esteja contribuindo para aumentar o caos, ou para mantê-lo sob controle. Hoje você deve tomar conhecimento de qual é o seu papel central no universo, através de um envolvimento humano de cada vez.

DIA 43
Decisões de compra

Com que frequência você se estressa em relação ao dinheiro? Se você for como a maioria das pessoas, sua resposta provavelmente será "muitas vezes". Vivemos num mundo onde há coisas demais para comprar e dinheiro de menos para adquirir tudo. A economia de consumo em massa está nos levando à extinção, entretanto insistimos em ter as últimas novidades e acompanhar a nova moda, a tecnologia de ponta e quaisquer outras tendências. É exaustivo.

Hoje faremos um pequeno exercício. Praticamente todas as empresas de produtos de consumo apostam no nosso comportamento impulsivo. Somos propensos a não refletir no momento da compra e não raro acabamos levando para casa mercadorias de que não necessitamos. A publicidade nos induz a nos sentirmos incompletos, e os incontáveis produtos acumulados à nossa frente trazem embutida a promessa de satisfação. Em geral tendemos a nos deixar seduzir e gastamos o nosso suado dinheiro em algo de que provavelmente não precisamos. Esse dinheiro era o seu tempo e a sua energia vital que você simplesmente enterrou em mais um item que em nada contribuirá para fazê-lo se sentir mais feliz.

A prática de hoje é parar o tempo e cultivar a atenção plena concernente às suas compras. Quer esteja na fila da lanchonete, ou enchendo o seu carrinho on-line, é você o agente. Aquele momento impulsivo de compra tem milhões de dólares de pesquisa psicológica por trás. As marcas e os anunciantes necessitam que você fraqueje, continue em frente e adquira o produto.

Mas hoje não. Sempre que estiver diante de uma decisão relacionada a compras, pare 30s e respire fundo, concentrando-se no baixo ventre.

Então se questione:
- Eu realmente preciso disso?
- Vou continuar desfrutando desse produto daqui uma semana? Um mês? Um ano?
- Onde é que esse produto vai parar quando eu deixar de usá-lo? No lixo? No oceano?
- Esse produto faz do mundo um lugar melhor e mais saudável?
- Estou apoiando o trabalho escravo, ou a desigualdade de gênero, comprando isso?
- Eu *realmente* preciso disso ou não?

Se as suas respostas o agradarem e convencerem, ok, vá em frente. Seja honesto consigo mesmo, todavia se dedique a este exercício com afinco. Você descobrirá que existe, na maioria de nós, uma inclinação para gastar dinheiro – tempo e energia – e comprar coisas que, além de contribuírem para aumentar os problemas do mundo, não cumprem a promessa de nos tornar genuinamente felizes.

O que é possível fazer hoje que desperte, verdadeiramente, a sua alegria e promova uma mudança em você mesmo? Reflitamos sobre experiências *versus* coisas. Que experiência memorável você pode vivenciar hoje que contribua para o enriquecimento de sua vida? O provável é que isto não vá lhe custar nada. Recompense a si mesmo com alguma experiência real e mantenha o dinheiro no seu bolso hoje.

DIA 44
Hora da cadeira

Sentar é o novo fumar. São muitas as evidências que sustentam tal afirmação. Nossos corpos emperram depois de cerca de 30min sentados: o fluxo sanguíneo diminui, a taxa metabólica de repouso cai e os músculos posturais começam a fraquejar à medida que nos prostramos. Envelhecemos mais depressa, recuperamo-nos mais devagar e temos menos energia disponível para abastecer o cérebro. Depois de apenas meia hora sentados! Não é nada bom!

Estando a par dessas informações, hoje você vai fincar o pé para o bem da sua vida. A menos que esteja dirigindo ou viajando de avião, evite todo e qualquer tipo de assento. Caso trabalhe sentado à mesa, coloque o computador sobre uma caixa, para elevá-lo, ou numa bancada. Se for o fim de semana, fuja de atividades sedentárias. Seja criativo e alcance sua meta. Traduzindo: fique longe do sofá. Você pode sentar-se no chão e alongar-se, porém cadeiras ou sofá o dia inteiro estão fora de cogitação.

Este exercício o obrigará a observar a frequência com que você se senta. É nesta posição que nos comunicamos, participamos de reuniões, trabalhamos, alimentamo-nos e até falamos ao telefone. Atenda às chamadas andando pelo escritório. Hoje, coma na bancada da cozinha e procure não se sentar durante nenhuma das refeições. Esta não é uma prática diária, e sim uma oportunidade de aprendermos algo a respeito de nós mesmos. Mantenha-se de pé e continue locomovendo-se, caminhando, ou se alongando.

Um detalhe logo lhe parecerá diferente. Você perceberá que os seus músculos abdominais estão doloridos. O fato é que eles têm que trabalhar para sustentá-lo de pé. Bem-vinda, futura barriga tanquinho!

O que acontece quando rompemos o hábito de permanecer sentados horas a fio diariamente é quase mágico. Nós nos libertamos de uma rotina física, nos protegemos de uma paralisação fisiológica e nos tornamos mais vivazes e engajados. A queima de mais energia gera, em você, a necessidade de produzir, sua capacidade muscular se expande e o seu cérebro tem mais acesso a esse aumento de energia. Quanto mais eficiente for a sua queima de energia, melhor o seu metabolismo funciona. Esta produtividade conserva você energizado, além de não armazenar as calorias como gordura. O resultado é mais clareza, humor e desempenho melhores e, francamente, *mais tempo*.

Sim, quando se tem mais energia, ganha-se mais tempo. Você se transforma numa versão aperfeiçoada de si mesmo. É capaz de fazer mais em menos tempo e a sensação resistente de estar cansado ou confuso desaparece.

Execute este exercício o dia inteiro e anote a frequência com que costuma se sentar em cada um dos dias. Você se surpreenderá ao constatar em quantas, das suas horas de vigília, o seu corpo está, essencialmente, desligado. Existe a possibilidade de que você se sinta um pouco esgotado no fim do dia, pois são muitos os músculos que acabaram ficando preguiçosos ao longo dos anos. Entretanto, isso deve servir-lhe de incentivo para permanecer de pé com mais frequência e incorporar tal hábito ao seu cotidiano.

Use sapatos de boa qualidade, o que facilitará a prática de hoje. Andar, em vez de se limitar a se pôr de pé, ajuda bastante. O objetivo final é aumentar a sua *movimentação*, o que desencadeará todo tipo de coisas positivas em sua vida. Quanto mais cedo você se acostumar a estar em movimento, melhor se sentirá.

Isto significa não se sentar? Claro que não. Mas reflita sobre o quanto de sua vida você tem passado sentado e repare no que acontece se tirar um dia para agir de forma contrária. Uma vez desenvolvido o gosto por esta prática, todas as ocasiões em que você se sentar serão intencionais e conscientes.

Depois de haver subvertido a matemática do seu tempo e mudado para um estilo de vida mais ativo, sentar-se será um momento a ser desfrutado.

DIA 45
Aprecie este lugar

Quando somos jovens, ao conhecermos um lugar novo costumamos pensar: "Ah, eu voltarei aqui". Esta atitude parece mudar com o passar dos anos e adotamos uma abordagem díspar. Percebemos que o mundo é vasto e o nosso tempo limitado. Na verdade, há uma boa chance de jamais retornarmos àquele local em particular. Afinal de contas, vários fatores se alinharam para nos levar até ali pela primeira vez e, considerando o realinhamento dos mesmos fatores, o provável é que, na próxima oportunidade, desejemos ver algo novo.

Qual o significado disto para a prática de hoje? Se você se descobrir passando num lugar que lhe é estranho, pondere que talvez esta seja sua única chance de conhecê-lo. É uma mudança sutil de perspectiva, mas que resgata uma parte de você mesmo que estivera perdida.

Então é como se, através de seus olhos, o seu próprio espírito estivesse contemplando tudo o que o cerca e registrando cada forma, textura, cor e detalhes. Há algo de mágico sobre a realidade quando a absorvemos com plena atenção.

É provável que hoje você vá seguir sua rotina habitual: levar as crianças para a escola, escritório, academia na hora do almoço e depois o percurso inverso, até o momento de dormir. Tudo bem, porém que tal ir para a academia por um caminho diferente? Incorpore a experiência da novidade à sua jornada de hoje. Você não tem que viajar para o Taiti, ou visitar as pirâmides. Basta transitar por outra rua, onde talvez se depare com uma árvore magnífica, um plátano de tirar o fôlego. É algo novo e belo.

Aonde quer que vá, carregue hoje consigo a consciência desta prática. Afinal, você pode ser atropelado por um ônibus, esmagado por um meteoro ou afogar-se num tsunami. São coisas que acontecem. É óbvio que não acontecem com frequência, mas que aprendamos uma lição com nossos amigos idosos. A morte está logo ali, no dobrar da esquina, para todos nós e hoje pode muito bem ser o seu último dia de vida. Ciente disso, você olharia para o mundo de outro modo? Continuaria perambulando descuidadamente por aí, ou pararia para aspirar o perfume das flores?

Esta é a diferença. O hoje é para ser saboreado. Este lugar em que você se acha é sagrado. Este tempo é especial. Estamos rodeados pela magia e, no entanto, negligenciamos desacelerar e perceber o que nos cerca porque não estamos realmente presentes. Em geral operamos num estado mental que é um misto de estresse, expectativa em relação aos eventos futuros e arrependimento quanto àqueles passados. Podemos até estar presentes de corpo, porém ninguém o habita.

Hoje o seu exercício é insurgir contra essa tendência. Arranque-a de si e preste atenção onde você se encontra. Pratique dizendo a si mesmo que talvez nunca mais você torne a ver este lugar e, assim, aproveite-o. Detenha-se para apreciar as paisagens, sons, texturas e a qualidade da luz. Dentro de uma hora este lugar parecerá diferente. Este momento no tempo e no espaço é único. Quando atingimos esta compreensão e a tomamos, verdadeiramente, como o nosso norte, paramos o tempo e bebemos do infinito.

Pare e aprecie a majestade de tudo ao seu redor.

DIA 46
Arrancando ervas daninhas do seu jardim da vida

Quando foi a última vez que você contemplou o seu jardim da vida e arrancou as ervas daninhas? Tão logo sejam identificadas as plantas mais importantes, é necessário voltar o olhar para as outras que também crescem ali. Por quê? Porque estas não só bloqueiam a luz solar, como retiram a água e os nutrientes vitais das que você elegeu cultivar e nutrir.

Pense nisto no contexto da sua vida hoje. Quais são as plantas principais que você deseja cultivar? São aquelas que, atualmente, estão recebendo mais recursos? Para muitos de nós, as ervas daninhas têm começado a se alastrar porque são mais exigentes, agressivas e, não raro, se disfarçam de importantes. Família, carreira, saúde, bons amigos e viagens talvez ocupem o topo da sua lista de plantas prioritárias. Quanto do seu tempo é necessário para você cuidar bem delas e as manter balanceadas? Com frequência descobrimos que conservar o equilíbrio das nossas plantas preferenciais é bastante difícil. Portanto, o que mais está no seu jardim sem que, de fato, pertença a ele?

Olhe através do filtro do seu jardim da vida e analise se o que está crescendo é relevante para uma de suas plantas mais importantes. Se não o for, trata-se de erva daninha. Arranque-a e siga adiante. Talvez um amigo do colégio continue pressionando-o para que saiam juntos em nome dos "bons e velhos tempos". Além de não terem mais nada em comum, você anda assoberbado, todavia, por alguma razão, acredita ser sua obrigação dissipar um tempo precioso para se encontrar com o tal amigo? Indague-se: isto é erva daninha?

Quem sabe você está absorvido num livro que não é lá tão interessante, mas não o larga para não parecer um frouxo. É possível que seja a hora de abandoná-lo e começar a ler outro com o potencial de enriquecer sua vida.

Talvez, embora já tenha passado muito da sua hora de dormir, você insista em ficar acordado até mais tarde do que deveria a fim de assistir a uma nova série na TV. Vale a pena o desgaste?

É preciso haver algum tempo dedicado à reflexão e contemplação hoje. É comum não sabermos como extirpar as ervas daninhas para desarraigá-las em definitivo. Às vezes relutamos em fazê-lo. Nós nos apegamos a certas coisas. Coisas que cresceram fortes e se assemelham às plantas principais, levando você a pensar que devem permanecer onde estão. Pois não devem não.

Considere tudo objetivamente e esteja atento às ervas daninhas que se disfarçam de plantas verdadeiras.

Seja brutal hoje. Pegue a tesoura de poda e comece a cortar as folhas e caules das ervas daninhas. É provável que você tenha que persistir nesta poda até conseguir agarrar o talo e arrancar a raiz. É provável também que lhe seja necessária uma pá, mental ou emocional, para realizar este trabalho. Devaste tudo e seja sincero consigo mesmo sobre o que você vê no seu jardim. Efetue uma faxina geral e deixe que algumas plantas recuperem o seu espaço original. O desafio consiste em reconhecer que você esteve regando várias ervas daninhas por anos a fio, permitindo-as crescer fortes e darem a impressão de que se encaixam no seu jardim.

Arranque-as. Hoje você vai obter clareza e foco através do desmatamento de qualquer coisa que drene a sua força vital e que não integre o seu planejamento. Este é ou não o seu jardim da vida? Esta é a questão. Se a sua resposta for não, ponha mãos à obra.

DIA 47
Música

"A música é o espaço entre as notas."

Você já ouviu este ditado?

Trata-se de uma bela ilustração do princípio taoista do esvaziamento. As notas em si nos deixariam loucos se não houvesse nenhuma pausa entre elas. E, no entanto, é assim que insistimos viver a vida.

Hoje vamos aprender a parar o tempo com a cadência da música. Escolha uma de que você goste muito e vá para algum lugar onde possa escutá-la sossegado. Minha favorita é *Adágio em sol menor*, de Remo Giazotto, composição erroneamente atribuída a Albinoni. São inúmeras as suas versões. Procure uma que o agrade, ou decida-se por outra melodia de sua preferência.

O primeiro passo é apenas ouvir a música escolhida – o ideal é que seja instrumental. Esta não é a hora de ser multitarefa; você não deve estar falando ao telefone, ou executando qualquer trabalho. O passo seguinte consiste em sincronizar sua respiração com o compasso da música. Há momentos em que o andamento acelera e outros em que retarda? Por quanto tempo os intervalos de silêncio se prolongam? Preste atenção ao ritmo e veja se consegue notar alguma alteração.

Se você tem pendor musical, é provável que já assimile as mudanças melódicas naturalmente. Caso contrário, talvez sejam necessárias algumas medidas para treinar o seu ouvido. Saiba que não é apenas uma questão de escutar, mas também de perceber. Como a música o faz sentir-se? Que disposição de ânimo lhe desperta? Como é possível modificar o seu estado físico para harmonizá-lo com a melodia? Desacelere e *perceba* a música.

Agora retorne ao ditado que abre este texto e pondere cada palavra: "A música é o espaço entre as notas".

Onde, em sua vida, você precisa pausar entre as notas? Que espaçamento sutil você pode inserir em sua vida a fim de tornar as coisas mais bonitas? Talvez reservar uns 15min da hora do almoço para passear ao ar livre, ou nos arredores do escritório. Talvez tirar alguns minutos para se recompor no fim do expediente, antes de entrar no carro. Talvez criar oportunidades para se afastar de sua mesa de trabalho em intervalos regulares durante o dia. Estas são escolhas que lhe cabem.

Que espaçamento embelezaria a canção de sua vida? Observe, a pausa na música não se estende por muito tempo e obtém o efeito desejado. O ponto-chave está em *parar por completo* e atingir o esvaziamento quando o fizer. Uma pausa parcial não promove o mesmo efeito, pois soará como ruído de fundo.

Onde você pode incorporar um silêncio momentâneo em sua vida hoje? Volte atrás, ouça a sua música e sinta a cadência dela mais uma vez. Aprenda a dominar este ritmo e você viverá uma vida cheia de beleza e graça.

DIA 48
Tempo de qualidade com a sua família

Uma das coisas mais comuns que ouvimos daqueles em seu leito de morte é que desejariam ter passado mais tempo com a família e entes queridos. Quando cai o pano, ninguém está pensando em problemas de trabalho, dramas ou amizades superficiais. Não raro, o moribundo lamenta não haver desfrutado de um tempo de qualidade com a família quando isto realmente importava. Para nós é um alerta de que talvez precisemos acompanhar mais de perto aquela fase deliciosa dos filhos, quando começam a andar, ou aprendem a subir em árvores. Ou talvez de que devamos oferecer mais consolo e conforto ao nosso cônjuge diante da perda de um dos pais, ou de uma doença. Com frequência as famílias desmoronam frente a um acontecimento grave porque as pessoas não estão emocionalmente disponíveis para se ampararem umas às outras.

Na companhia de quem você não está passando uma quantidade satisfatória de tempo? Junto de seu cônjuge, filhos, pais, *pets*, primos? Em nossa vida há pessoas que amamos e que nos são importantes. Aos olhos de muitas delas, é provável que estejamos dando a impressão de que escolhemos como usar o nosso tempo. É possível que uma adolescente, ao notar quão absorto você está na sua carreira, *hobbies*, esportes ou círculo social, desista de lhe falar sobre algo que a está incomodando ao chegar da escola. E você nem percebe a deixa. Dois anos depois, a adolescente está fumando maconha e enveredando num rumo desafiador. São coisas que acontecem.

Talvez sua esposa venha encontrando muita dificuldade para lidar com o ninho recentemente vazio e a sua atitude do tipo "supere isto", não está ajudando nada. Há uma rachadura se formando em seu relacionamento que não pode ser consertada uma vez ocorrida a ruptura. Incontáveis casamentos acabam desta maneira. Será que você não pode sair da autoestrada da vida e destinar um pouco do seu tempo para conversar, caminhar, viajar ou apenas ouvir? No aspecto prático, o divórcio consumirá milhares de horas com advogados, tribunal, juízes, o que custa uma fortuna. Essa fortuna é o tempo guardado na forma de dinheiro. E o custo financeiro será ainda maior para ambas as partes chegarem a um acordo. Então há a questão da guarda conjunta dos filhos e da relação com eles, os desconfortáveis jantares familiares, a interminável navegação para lá e para cá em algum aplicativo tolo de namoro que, aliás, você preferiria nem ter acessado. Pense nas milhares de horas dolorosas, resultantes de um casamento desfeito. Não vale a pena se empenhar para desfrutar de momentos bem vividos ao lado da pessoa amada?

Reflita sobre em que situações você talvez ande em descompasso com a sua família. O programa planejado para o fim de semana com sua filha gorou? Já faz um mês desde que você visitou os seus parentes? Essas pessoas precisam de você. Elas o amam. Não permita que o fluxo incessante de distrações cotidianas o arraste pelas águas turbulentas do caos – até uma vida cheia de arrependimentos. Você acabará gastando mais tempo com os problemas de seus filhos e fazendo malabarismos em relação à custódia se largar tudo de qualquer jeito. O sentimento de culpa suscitado pela morte de um de nossos pais é imenso quando sabemos que não nos dispusemos a passar um tempo de qualidade em sua companhia antes de o perdermos. Certas coisas precisam ser ditas. Essas coisas precisam de tempo e o vovô está num fuso horário muito mais lento do que o seu. Isto é bom. Diminua o seu ritmo e entre no dele. Tome um chá e deixe-o falar o que pensa e abrir o coração. Quando seu avô partir, aquilo que não foi dito será como um punhal de remorso cravado em sua alma por anos a fio.

Algumas horas vividas com qualidade e fazendo o que é certo hoje irá poupar tempo, tristeza e arrependimento amanhã.

Lance esse apelo. Sabemos que as circunstâncias de nossas vidas são muito diferentes, mas sua prática de hoje consiste em determinar um horário regular e reservá-lo, consistentemente, para estar com a família. A hora do jantar é ideal, porém se organize como for possível. Determine um horário e cumpra-o. Certifique-se de que todos os membros da família aderiram à ideia e faça dessa reunião um evento recorrente e regular.

Não recue e você irá colher os benefícios.

DIA 49
Tempo e tecnologia

Criamos a tecnologia para nos ajudar a economizar tempo e energia. Desde as velhas pederneiras – que nos permitiram ganhar tempo ao nos livrar da obrigação de batê-las para produzir faíscas – ao celular no seu bolso, capaz de executar inúmeras funções, espera-se que tais ferramentas, por nós construídas e à nossa disposição, acrescentem conveniência, folga e tempo à nossa vida.

Hoje, observe como você usa a tecnologia. É algo que, de fato, tem poupado o seu tempo a fim de que você possa fazer o que for do seu agrado, ou não? Para alguns, a tecnologia auxilia o aumento da produtividade, possibilitando-os trabalhar cada vez mais. Isto pode ser bom se você está investindo dinheiro e comprando tempo para se restabelecer, aproveitar e saborear a vida. Caso contrário, você é como um hamster moribundo na roda.

Para muitos de nós, esses recursos economizadores de tempo se transformaram em sugadores de tempo. Obter informações cruciais transmitidas por telégrafo era uma ferramenta poderosa para a civilização. Hoje, bombardeamos nossos amigos com *gifs* e *emojis* por puro tédio. É um entulho só. Incontáveis horas semanais escarafunchando a vida de pessoas nas mídias sociais não é o melhor uso do seu tempo – ou da tecnologia. Porém, mesmo quando estamos realmente tentando executar nosso trabalho, a parafernália tecnológica pode dificultar e minar nosso empenho. Alertas, lembretes e notificações constantes acabam desviando nossa atenção do que estamos realizando. Navegar na internet, atrás de alguma informação relevante é capaz de, num piscar de olhos, nos levar a resvalar dentro de um buraco sem fundo de distrações.

O que a tecnologia está fazendo por você? É uma ferramenta de economia de tempo, ou se converteu numa distração? Analise todas as coisas que você afirma desejar fazer para si mesmo e avalie onde o sugador de tempo está operando. Muitas vezes a nossa tecnologia tem sobrepujado a sua utilidade funcional e anda agora desalinhada com a realidade. As ferramentas existem para servir você, não o contrário.

Outro aspecto a considerarmos é a energia. A natureza está imbuída de uma deliciosa sinfonia de vibrações e energias. Da polinização das flores até as árvores altas e majestosas, há, no ambiente natural, uma energia que nos recarrega e nos impele a nos sentirmos completos. A eletrônica é exatamente o oposto disso. Ela descarrega em nosso colo e cabeça correntes cortantes e intensas. Segurar um telefone 2.4GHz colado à sua cabeça envia ondas poderosas pelo cérebro as quais, não raro, causam perturbações. A eletrônica protela as ondas rápidas a que nossos corpos estão acostumados. O conhecimento que se tem sobre isso ainda é questionável, mas por que correr o risco? As árvores, por outro lado, fluem bem e lentamente. Elas vibram em torno do padrão de ondas alfa do nosso cérebro. Este é o estado cerebral que mais se assemelha à meditação.

A nossa tecnologia chegou para ficar, e o seu desafio hoje é encontrar um equilíbrio mais saudável. Só por hoje, desative os alertas. Liste, numa folha de papel, o que você precisa fazer hoje e concentre-se em cumprir o planejado. Ponha o seu celular no modo avião e desative a internet no computador. Execute o seu trabalho e, então, dê um descanso aos seus olhos e ouvidos. Aproveite a luz do sol e não a luz de fundo do seu laptop. Você perceberá uma enorme diferença se prestar atenção a isso.

DIA 50
Instaurando rituais

Os rituais costumavam ser uma parte importante da nossa existência. Quer sejam preces diárias, jantares semanais, festas religiosas ou ritos de passagem, eles têm estado enraizados na nossa psique desde o alvorecer da humanidade.

Hoje vamos nos debruçar sobre todos os rituais que você cumpre. Quais são e por que se entranharam na sua rotina? Você assiste ao noticiário na TV durante o café da manhã? Checa as mídias sociais enquanto está no banheiro? Deixa-se arrastar pela maré, ou está verdadeiramente vinculado à essência de uma prática? É antiga a origem de muito do que fazemos nestes tempos modernos. *E são coisas que costumavam ter significado.* Além de contribuírem para definir o ritmo da nossa existência, os rituais, não raro, destinavam-se a nos ajudar a nos *lembrarmos* de onde viemos. Rituais religiosos foram criados para nos auxiliar a permanecermos plugados na nossa fonte ou, quem sabe, para que praticássemos a gratidão.

O que você tem feito que o possibilite parar o tempo e se conectar com algo significativo? Você consegue aperfeiçoar esta conexão? Talvez se reconectando com o âmago do ritual e levando-o mais a sério. Ou investigando a sua origem e estabelecendo uma ligação mais profunda. Existe, sim, a probabilidade de que você se perceba desconectado de uma determinada prática e entediado – tudo bem. Há uma profusão de outros rituais a serem abraçados.

A meta é encontrar alguma coisa que o preencha e permitir que se converta numa âncora em sua vida. Se você não estabelecer tal conexão, então o objetivo pretendido não terá sido alcançado. Não perca tempo. Ache outra atividade ou prática capaz de energizá-lo.

Abaixo, alguns exemplos de rituais que você pode adotar. Escolha um ou dois e os transforme no seu *gong* de hoje, experimentando-os. São boas as chances de que você vá gostar de alguns de seus novos hábitos.

- **Gratidão matinal** – Antes de se levantar da cama, pense em cinco coisas pelas quais se sente grato hoje.
- **Oração na hora das refeições** – Agradeça pela refeição que você está a ponto de tomar e a bendiga.
- **Meditação ou oração na hora do almoço** – Reserve alguns instantes para desacelerar e permitir que seu corpo receba a nutrição.
- **Noite à luz de velas** – Detenha-se por alguns instantes diante de uma vela a fim de que sua energia seja purificada.
- **Alongamento noturno** – Antes de ir para a cama, deite-se no chão e, sentindo o corpo fundir-se ao solo, relaxe por alguns minutos.
- **Hibernação de inverno** – A cada inverno, tire uma semana de folga do trabalho para relaxar e recuperar o fôlego.

Estas são apenas algumas sugestões de rituais para a sua ponderação. O questionamento é o seguinte: do que você precisa e como pode instaurar uma prática em sua vida que o ajudará a se lembrar de sua origem e a se reconectar?

Os rituais criam estrutura, o que auxilia na segmentação do dia. O tempo pode nos escapar quando não segmentamos o dia a fim de pôr um freio na nossa correria ensandecida e recuperarmos o fôlego.

Hoje, reflita sobre os seus rituais cotidianos e certifique-se de que lhe são adequados. Descubra uma maneira de se conectar com o que você precisa e elabore um plano para incorporar práticas mais saudáveis em sua vida.

DIA 51
Parando para fazer amor

Fazer sexo e fazer amor nem sempre são a mesma coisa. Nossa cultura tem retirado a sensualidade da nossa experiência de fazer amor, reduzindo-a, assim, a um mero *pit stop* de prazer-e-alívio--de-tensão. Claro que uma rapidinha ocasional pode ser ótima. Mas quando foi a última vez que você desacelerou o sexo e transformou a noite num evento?

Fazer amor demanda lentidão. Isto significa operarmos sob o domínio do sistema nervoso parassimpático, que é um estado mais calmo. É neste estado que nos recuperamos e nos curamos, digerimos e, sim, acessamos a *sensualidade da nossa sexualidade*. Normalmente é algo mais fácil para as mulheres do que para os homens – sim, sei que é uma generalização grosseira –, porém todos nós somos capazes desta transição.

Eis o grande segredo do tantra: a sensualidade humana é, de fato, impulsionada pela energia feminina – *yin* –, o que não exclui você, ainda que esteja num relacionamento homoafetivo. Isto simplesmente requer seguir mais a curva de energia *yin*, a passividade, e permitir que ela se abra e o guie na sua experiência.

Nós não *produzimos* sono e tampouco podemos, realmente, *produzir* orgasmos. É evidente que somos capazes de hiperexcitar os nervos e levá-los ao clímax, porém não é dessa energia que estamos falando. Hoje vamos ceder à experiência e *permitir* que haja uma abertura de espaço.

Para muitas pessoas, isto implica compor o cenário. Velas, luz indireta, música suave e talvez uma garrafa de vinho, são recursos excelentes para criar o clima. É importante preparar um espaço livre de distrações, onde vocês possam se refugiar e desfrutar de algum tempo juntos. Sem celulares!

É provável que seja necessário esperar as crianças dormirem. Tudo bem, mas depois vá direto ao ponto! Nada de assistir três horas seguidas de TV antes de rumar para o quarto e espremer a intimidade entre as outras atividades. Será um erro cabal. A prática consiste em converter a noite – ou a tarde – num acontecimento. Entre no quarto, crie o clima e refreie o tempo a fim de se entregar à experiência de fazer amor.

Com demasiada frequência a nossa mente analítica – direcionada para o alcance de metas – repercute essa mentalidade de "vamos resolver isso logo" no quarto, onde é totalmente inapropriada. Mas não aqui e agora: não no quarto. Caso o seu parceiro ou parceira não pareça muito à vontade, talvez vocês possam se dedicar a algum jogo amoroso complementar – unilateral ou bilateral – que não vise ao orgasmo. Pratique o estar juntos e saboreie o espaço sensual sem a descontinuidade repentina do clímax. Se você é do tipo capaz de ter múltiplos orgasmos e permanecer no clima, maravilha – a lição de hoje provavelmente não lhe soará como novidade.

Relaxe.

Abandone-se.

Respirem no mesmo ritmo, concentrando-se no baixo ventre e conectando-se com o ponto *dantian* – três dedos abaixo do umbigo. A sincronia das suas respirações levará vocês a atingirem este estágio. A partir daí, *sinta* como a energia sobe pela sua espinha e não se desgrude dela. Entregue-se. Permita-a guiá-lo e iluminar o seu universo interior.

Não persiga o orgasmo.

Em vez de buscar o clímax, a lição de hoje consiste em relaxar no espaço que vocês criaram juntos e nele se deleitarem. Com alguma prática, este exercício lhe concederá uma perspectiva inteiramente nova de como *parar o tempo*.

DIA 52
Hora do telefone

Quando foi a última vez que você contabilizou o seu tempo ao telefone? São incontáveis os telefonemas diários? A menos que estes constituam uma parte intrínseca do seu trabalho e que você ganhe por hora, o provável é que esteja perdendo um tempo precioso em razão da sua própria ineficiência. Hoje vamos tentar algo novo.

Ao chegar ao trabalho, consulte quantos telefonemas você tem agendados e veja se é possível cortá-los pela metade. Digamos que há uma chamada de 30min planejada. Seria possível reduzi-la para 15min? Ou 25min? Isto não implica ser rude, apenas simpático e objetivo. Empenhe-se em dar ao seu interlocutor toda a sua atenção. Inicie a conversa com alguns comentários cordiais e depois vá direto ao ponto. Atenha-se ao que quer que você precise discutir e encerre a ligação um pouco mais cedo, sem causar nenhum dramalhão.

A questão é a seguinte: a pessoa do outro lado da linha também tem uma vida louca e ocupada, portanto é provável que não se importará com a brevidade da conversa – desde que tenham sido abordados os tópicos pertinentes.

Como você deseja aproveitar o seu tempo extra agora? Quem sabe fazer todas aquelas coisas que sempre *pretendeu fazer*? O exercício de hoje consiste em reabsorver todo e qualquer tempo poupado e reinvesti-lo em *si mesmo*. Caso você tenha 5min extras, por que não se alongar? 10min? Que tal 5 repetições de 10 exercícios para um treino rápido do corpo inteiro? Tem dormido pouco? Programe o despertador e feche os olhos por 10min.

O fato é que você reabsorveu um tempo valioso que pode ser reinvestido na área de sua vida em que houver maior necessidade.

E quanto aos telefonemas sociais? Talvez você possa ligar para a sua mãe no caminho de volta do trabalho. É uma atitude que o satisfaz e alimenta a sua alma? Pois adote-a! Porém como agir em relação aos outros telefonemas sociais? Você pode enviar mensagens de texto? É viável abreviar as ligações e descobrir alguma coisa mais propícia para fazer com o seu tempo? Provavelmente a resposta é um retumbante *sim*.

Não se trata de se isolar do mundo e se tornar um eremita, mas de economizar alguns minutos e *empregar esse tempo* em algo que o sustenha. Pergunte ao seu corpo do que ele carece e, então, use o tempo poupado para cuidar de si. Talvez você possa substituir o bate-papo habitual por telefone com um amigo por uma caminhada semanal a fim de colocarem a conversa em dia: eis uma situação em que todos saem ganhando!

Tão logo descubra que o seu mundo não irá sofrer um solavanco, não irá parar por completo em face a essas alterações, você poderá consultar sua agenda e efetuar mais ajustes. Se o seu tempo padrão gasto com telefonemas é de 60min, reduza-o para 30min, se for de 30min, enxugue-o para 15min. Esta medida, por si só, provoca mudanças em sua vida.

O truque é este: a menos que você *invista* o tempo recém-encontrado em algo que contribua para a sua saúde física e mental, sua agenda simplesmente ficará mais cheia de atividades. Talvez esta seja uma ótima maneira de aumentar sua eficiência no trabalho, entretanto é também provável que a sua alma seja esmagada se você não tirar um tempo – ou pelo menos parte dele – para si.

DIA 53
Relaxe a nuca

O pescoço é uma região onde acumulamos um grau tremendo de tensão, em especial no occipício, bem no meio da base do crânio. Má postura, horas sentados, estilo de vida sedentário e níveis elevados de estresse contribuem para que um volume imenso de energia fique aprisionado na nuca. A tensão é palpável; irradia pela nossa cabeça, transforma nosso rosto numa carranca e nos deixa com o olhar carregado. Não é legal.

Hoje vamos nos debruçar sobre esta situação e tomar alguma atitude a respeito.

Escolha um lugar para se deitar de costas no chão – qualquer local serve, desde que ninguém o perturbe durante 5min. Pegue um livro, fichário ou bloco de ioga, caso o tenha. Você precisa de um travesseiro firme, essencialmente algo que não seja flexível ou grande demais, e cuja espessura varie de 2,5cm a 7cm.

Deite-se, coloque o objeto – que desempenhará a função de travesseiro – diretamente na base do crânio e feche os olhos. Respire devagar, concentrando-se no baixo ventre, por mais ou menos um minuto. Relaxe. Solte o corpo.

Fixe sua atenção na nuca agora. Sinta a firmeza do travesseiro e o ponto de contato entre ele e a base do crânio. Solte-se mais um pouco. Respire e relaxe; sinta a cabeça ficar pesada.

Então vire a cabeça para a esquerda e para a direita lentamente, respirando sem pressa. Repita o processo por cerca de um minuto, sempre virando a cabeça de um lado para o outro vagarosamente, permitindo ao pescoço relaxar.

Agora mantenha sua cabeça centralizada e respire fundo. Mais uma vez, sinta qualquer tensão existente e deixe-a *se esvair* para o travesseiro rígido. Demore-se neste estágio do processo por mais alguns instantes.

Descontraia os músculos da face: testa, mandíbula, contorno dos olhos. Relaxe a boca, orelhas, nariz, sobrancelhas. Solte-se ainda mais, relaxando a cabeça e o pescoço por completo. Solte-se. Respire fundo e solte-se. Após alguns segundos, quando se julgar pronto, abra os olhos devagar e torne a virar a cabeça de um lado para o outro. Levante-se suavemente e retome o seu dia. Como você se sente?

A nuca é uma supervia de energia onde muito desta energia – o qi – acaba acumulada. De fato, é comum a compressão do tempo refletir-se nesta parte da nossa anatomia. Liberar o que está acumulado ajuda a relaxar o cérebro e nos devolve ao momento presente. Todas aquelas ocorrências que induziram você a acelerar o tempo, para além do que lhe era confortável, repercutem nesta região.

Este é um ótimo ponto para reinicializar e regressar ao presente. Aprender a relaxar a nuca é uma maneira poderosa de deter o tempo e estar firmemente fincado no momento presente. É onde você pode eliminar a poluição do passado e "arrumar a casa" para recomeçar o seu dia renovado.

DIA 54
Dia de folga das mídias sociais

Hoje vamos tentar resgatar algum do seu valioso tempo e devolvê-lo à sua vida. Nós nos acostumamos tanto a checar o celular o dia inteiro que provavelmente nem percebemos o quanto tal hábito nos consome. Vamos tirar uma folga dos serviços não essenciais de seu telefone – ou computador – e avaliar exatamente quanto da sua energia mental e do seu tempo você consegue reaver.

Para aqueles que já estão agarrando seus celulares, sim, entendi: as mídias sociais são uma maneira de se sentirem informados e conectados com o mundo. Porém, acessá-las pode se converter num cacoete social que afasta você completamente do mundo que o cerca. É hora de romper este hábito. Assim, o que irá constar da lista negra do apagão das mídias sociais?

- Toda e qualquer mídia social – não confira nem abra aplicativos.
- Notícias.
- Fotos e vídeos.
- Aplicativos de bate-papo com amigos.

Diga aos seus amigos que você ficará longe do celular hoje e continue este exercício. É provável que você se surpreenda estendendo a mão para pegar o celular em diversas ocasiões durante o dia. É então que deve se lembrar de conter o impulso.

Vejamos alguns exemplos mais comuns de situações em que você tende a checar o celular:

- Esperando o elevador;
- No elevador;
- Na fila da *coffee-shop;*
- No banheiro;
- No sinal vermelho;

- No metrô;
- Aguardando o almoço ser servido;
- Na cama;
- No sofá;
- Esperando a comida esquentar;
- Entre chamadas.

Isto lhe soa familiar? Simplesmente perdemos o controle. Estamos o tempo todo olhando o celular, mal apareça uma brecha. Não temos consciência de como nos comportamos, e o desafio consiste em recuperar parte de nosso tempo.

Não podemos reclamar da escassez de um recurso que desperdiçamos diariamente. Retome o que lhe pertence. Saboreie e desfrute da extensão do tempo livre que você teria perdido para o telefone hoje.

Sempre que se sentir tentado a pegar o celular, resista e respire fundo várias vezes, concentrando-se no baixo ventre. Ouça o seu corpo, atente-se para o que ele precisa. Você quer checar o telefone por que há uma informação urgente de que necessita, ou por que não está acostumado a ficar sozinho com os próprios pensamentos? Você está usando as mídias sociais para beneficiar a sua vida, ou como uma muleta? Talvez um alongamento rápido, um copo de água, algumas pessoas por perto, ou apenas ficar parado seja a resposta. A questão é a seguinte: são milhões os micromomentos tragados pelo abismo dos tempos modernos e cabe a você resgatá-los.

DIA 55

Respirar profundamente cinco vezes

Hoje vamos jogar um joguinho. Programe o alarme para disparar a cada 30min. Sempre que ouvi-lo, pare o que estiver fazendo e apenas respire fundo cinco vezes, concentrando-se no baixo ventre. Esta é uma prática simples, porém de enorme potencial – e você já estará respirando mesmo, portanto, sério, não trapaceie! Lembre-se de persistir e cumprir a proposta toda vez que o alarme soar e observe como você se sente ao longo do dia. A prática é fácil. Concentre-se em inspirar o ar devagar e prendê-lo por um segundo quando os pulmões estiverem cheios. Então expire lenta e profundamente, deixando o ar fluir com suavidade, e prenda a respiração por um instante enquanto os pulmões estão vazios. Repita o processo, conscientemente, cinco vezes e depois retome os seus afazeres. O alarme o avisará quando for hora de retomar o exercício.

É possível que as primeiras vezes não desencadeiem quaisquer grandes transformações em você. Isto é normal. Mas insista. À medida que seu corpo e mente são treinados para pausarem e respirarem fundo com regularidade, alguma coisa começa a mudar. Talvez atingir este estágio custe um pouco, entretanto as mudanças acabarão ocorrendo.

Estamos tão acostumados a operar sob pressão que não nos lembramos mais de como é nos sentirmos em paz. Acostumamo-nos à energia do estresse. De alguma forma, é o que nos define e que penetrou, insidiosamente, na nossa história pessoal. Nossa atenção difusa leva à dispersão da energia que se dissipa no universo. Não é de se estranhar que nos sintamos cansados o tempo inteiro.

"Estou tão ocupado que não tenho tempo nem para fazer xixi... ah! ah! ah!"

Não! Não é nem um pouco engraçado; é insano. E chega!

Respirar fundo cinco vezes é uma solução rápida para redefinir este ritmo. A chave é fazer valer cada respiração. Inspirar e expirar cinco vezes às pressas – como mero ato descartável – é *exatamente* a energia que estamos trabalhando para corrigir. Respirar do modo adequado talvez tome de 10s a 15s a mais do seu tempo. E o que é isto no grande esquema das coisas? Nada. O desafio não é o tempo em si, mas todo o universo emocional envolvido na percepção da compressão do tempo. Essa percepção não deseja permitir uma alteração no ritmo. Por quê?

Porque nos abriremos à possibilidade de que o trem-bala em que estamos viajando é vulnerável. Pense num alcoólatra que precisa continuar bebendo depois do almoço para não sentir o porre. É assim que nos comportamos em tempos de estresse. De algum modo temos nos treinado a pensar que é aceitável forçar os limites, mesmo que isto signifique não darmos o máximo de nós no trabalho, perder a academia, ficar irritadiço no trânsito e, não raro, agirmos como um idiota com a nossa família. Como é que isto pode ser uma opção melhor do que desacelerar por 10min ao dia?

Hoje você vai pausar de 30min em 30min. Pratique as cinco respirações e converta-as num ponto focal para reunir sua atenção dispersa e concentrar a mente. Sinta-as por seu corpo inteiro e, por alguns instantes, use-as como um canal para tomar consciência de todo o seu ser. Assumir o controle da velocidade da sua mente e estar atento a isso é uma prática poderosa que começa com simplicidade e gera simplicidade.

E se as soluções para os seus problemas complicados não fossem tão complicadas? E se fossem tão simples quanto desacelerar a fim de que você possa pensar com mais clareza e de uma perspectiva mais equilibrada?

Hoje você descobrirá muito sobre si mesmo.

DIA 56
Relaxamento progressivo

Hoje vamos mergulhar profundamente num estado relaxado. Esta é uma prática comum na maioria das tradições asiáticas de meditação, além de também ser usada na hipnoterapia moderna. Talvez já há algum tempo você não tenha se permitido atingir este estado e, portanto, será como uma volta ao lar para alguns e uma visita a uma terra estrangeira para outros. Confie no procedimento e mergulhemos num relaxamento progressivo.

Leia primeiramente todo este capítulo então procure um lugar confortável, onde você possa se deitar por cerca de 15min. Certifique-se de que ficará sozinho e de que se sentirá seguro. Tão logo terminada a leitura, vá para o local escolhido e execute o proposto. Programe o alarme para disparar 5min antes de você terminar a prática para que lhe seja possível sair deste estado harmoniosamente. Por exemplo, se você dispõe de 20min, acione o despertador para soar aos 15min, de modo que lhe sobrem 5min para se reintegrar no ambiente ao seu redor.

Esta é a prática

- Deite-se numa posição confortável.
- Respire fundo algumas vezes, concentrando-se no baixo ventre, e solte o corpo no chão. Sinta-se como se se afundasse no chão.
- Agora iniciemos o processo a partir da sua cabeça.
    - Sinta o topo da sua cabeça e, enquanto os olhos da sua mente se conscientizam dessa região, diga-lhe para relaxar.
    - Sinta a cabeça ficando mais pesada e afundando no chão.
- Começando no alto da cabeça, vá relaxando sua face progressivamente.
    - Relaxe a testa, olhos, orelhas, nariz, bochechas, dentes e queixo.

- Relaxe a parte de trás da cabeça e a nuca.
- Relaxe toda a cabeça. Deixe-a ficar pesada e solte-a no chão.
• Continue o movimento descendente.
- Relaxe o pescoço, garganta, ombros e braços, até a ponta dos dedos.
- Relaxe o peito, costelas, esterno e a parte superior das costas.
- Relaxe o abdômen, todos os órgãos internos, o meio das costas e a região lombar.
- Relaxe a pélvis, quadris, órgãos genitais e o sacro.
• Abaixe ambas as pernas, relaxando-as por inteiro enquanto as movimenta... vagarosamente.
- Relaxe os joelhos, canelas e panturrilhas até os tornozelos.
- Relaxe os pés e cada um dos ossinhos, até chegar aos dedos.
• Sinta todo o seu corpo em um estado de relaxamento.
• Esquadrinhe seu corpo de cima para baixo e de baixo para cima e observe se ainda persiste algum ponto de tensão. Mova os olhos da sua mente para a área identificada e simplesmente diga-lhe para relaxar.

Uma vez alcançado este estado relaxado, permaneça firme ali, fundindo-se ainda mais ao chão. Respire profundamente e prossiga analisando seu corpo em busca de possíveis focos de tensão. Suavize os locais onde você a detectar e continue a relaxar, soltando o corpo por completo.

Quando o alarme disparar

Lentamente comece a retornar ao ambiente que o cerca. Inicie o processo visualizando uma luz quente e branca subindo por seus pés. Essa luz branca revigora e energiza tudo aquilo que toca. Permita que essa luz inunde seu corpo aos poucos, na ordem inversa que você o relaxou, até atingir o topo da sua cabeça. Pause neste momento e respire fundo à medida que a luz branca desperta cada célula do seu corpo. Veja o brilho da sua testa logo que a luz ali chegar.

Quando se sentir pronto, abra os olhos, mexa os dedos dos pés, role para o lado e volte para o espaço físico onde você se encontra. Esta prática não tomou muito tempo do seu dia, mas o levou para onde?

DIA 57
Estações do ano

Hoje vamos parar e analisar em que momento estamos em nosso planeta. O que isto significa? Onde você se encontra, neste momento, no ciclo da natureza? As folhas estão brotando ou caindo? Faz calor ou frio? O que está acontecendo lá fora?

Nossos ancestrais tinham uma consciência aguçada das estações do ano porque suas vidas dependiam disso. Quer fosse o deslocamento dos rebanhos, a hora certa do plantio ou da colheita, tudo importava – era uma questão de sobrevivência. Atualmente vivemos em ambientes com ar condicionado e nos locomovemos em veículos que são verdadeiras bolhas, alheios às mudanças de energia do mundo natural. Mas não hoje!

Saia de casa e avalie o clima. Contemple as árvores e atente para a qualidade do ar. Qual é a sensação? As energias naturais ao seu redor estão em declínio, ou em ascensão? Em que ponto está o movimento da vida? Inspire fundo algumas vezes, concentrando-se no baixo ventre, e sincronize-se com o mundo exterior. Procure harmonizar-se com o que o cerca. Se estiver frio, vista um suéter; você há de sobreviver por 5min.

Entrar em consonância com os sabores da natureza é uma grande parte da nossa existência, pois alinha nossa energia com a deste mundo imenso e nos ajusta à realidade natural em que estamos imersos.

Quando foi a última vez que você fez isso?

Telas de computador, notícias de terras longínquas e atualizações de aplicativos inundam nossos dias agora, quando, somente algumas poucas centenas de anos atrás, nós nos sentávamos na varanda e conversávamos sobre o clima. Por quê? Porque além de *real* é algo que, de fato, tem estreita relação conosco. O clima afeta nossos humores, secreções hormonais, taxa metabólica e os ciclos de vigília e sono. O clima nos influencia de maneiras que estamos apenas começando a entender cientificamente.

Moral da história: descubra onde você se localiza na natureza e se harmonize com o fluxo da estação vigente. O sol nos deixa felizes e estimula nosso sistema imunológico. As plantas secretam odores na primavera que sinalizam mudanças hormonais em nós.

É hora de fazer um balanço a respeito de qual tempo você está vivendo nesta estação do ano. Respire fundo várias vezes e observe as paisagens, cores, sons, cheiros, brisa e a movimentação dos animais. Isto irá sintonizar você com o tempo real em que o mundo natural está mergulhado, conectá-lo com a terra e com a força vital que permeia toda a natureza.

Isto é lar. Isto é o agora.

Hoje você passará algum tempo retornando ao lar mediante o acesso à estação na qual você está vivendo neste exato momento.

DIA 58
Decisões reativas

Com que frequência você precisa tomar grandes decisões na vida? Em geral não é algo que acontece repetidamente e, com certeza, não todos os dias. É claro que você pode dizer: "Decidi não sair do meu emprego hoje", embora este seja uma fonte diária de frustração. Mudança de carreira, divórcio, resolução de ter filhos, de se mudar para uma cidade distante – todas essas são deliberações importantes. Pense nas suas principais decisões tomadas na última década. É provável que possam ser contadas nos dedos de uma, ou das duas mãos. Agora pergunte-se se as tomou em sã consciência. Cada uma delas resultou de cuidadosa ponderação? Você pesou os prós e os contras e dedicou tempo suficiente às considerações e à reflexão? Se a resposta for sim, ótimo!

É uma pena que muitas decisões importantes sejam tomadas sob pressão. Estamos tão absurdamente estressados que algumas circunstâncias nos lançam numa outra realidade. Talvez tenha sido uma vigorosa correção de rumo o que nos colocou na rota que deveríamos trilhar, ou talvez aquela acabe se revelando a pior decisão que jamais poderíamos haver tomado. Como você se sente em relação às suas decisões?

Hoje, reflita sobre o seu histórico de grandes decisões e analise atentamente as que foram tomadas em circunstâncias tensas. O que você teria feito diferente se, na ocasião, estivesse calmo e controlado? Se você houvesse conseguido respirar profundamente e concentrado sua energia naquele momento em particular, teria agido de outro modo? Como seria sua vida se você estivesse estado mais bem preparado para lidar com uma determinada situação?

Este exercício não visa desenterrar velhos arrependimentos, mas se destina a traçar um caminho melhor para você no futuro. São muitas as decisões importantes caminhando na sua direção, e você pode levar a sabedoria angariada no passado para a conjuntura futura. A única forma de tal coisa acontecer é *permanecendo calmo e estando plenamente presente quando essa hora chegar*. É neste ponto que recorremos à nossa sabedoria intrínseca, fruto da quietude serena de uma alma não fragmentada. Se você se descobrir reagindo movido pelo pânico, raiva, medo ou pressa, dê um passo atrás e investigue o que está ocorrendo.

Ponderar sobre isto hoje permite que você prepare a sua percepção para a próxima rodada, por meio da compreensão da magnitude de uma decisão precipitada. Da próxima vez, lembre-se da prática de hoje e respire fundo. Desacelere e pense nas decisões passadas, tomadas às pressas. Disperse suas emoções a fim de que você possa agir com serenidade, e não induzido pelo pânico. Não costuma haver nenhuma arma apontada para a nossa cabeça nesses momentos. Nós capitulamos sem necessidade.

Esquive-se de uma circunstância de incitamento. Tire alguns dias para pensar bem antes de se decidir. Telefone para um amigo. São inúmeras as atitudes inteligentes que você pode adotar antes de bater o martelo, pois nem sempre é fácil voltar atrás. Desacelere, afaste-se da ânsia do imediato e entre num ritmo que o conduzirá a um resultado melhor. Da próxima vez, esteja pronto.

DIA 59
Suar

Costumamos ouvir dizer que suar nos faz bem. Com certeza ajuda a desintoxicar o corpo, movimentar o sistema linfático e manter os líquidos circulando. Isto é ótimo, mas há outra faceta nesta história – relacionada com a *limpeza do passado* – a qual iremos explorar.

O que está armazenado no tecido do seu corpo é o detrito de ontem. Talvez seu fígado esteja cansado demais para removê-lo. Talvez você tenha se exposto a uma das zilhões de toxinas existentes no meio ambiente e o seu corpo não saiba como purgá-las. Talvez você tenha ingerido algum metal pesado que se agarrou às suas células adiposas. Todas essas coisas tendem a perdurar e nos arrastam para baixo – é como correr com pesos atados aos tornozelos.

Agora imagine como a vida seria livre deste fardo. Imagine como você se sentiria se os desafios de ontem não o sobrecarregassem hoje. É por esta razão que você deve querer suar.

Pense no suor como um rio que flui através de você, depurando e limpando os detritos desde o início do jorro. Se o passado – na forma de pensamentos tóxicos, substâncias químicas, alimentos ou energias – não encontra um canal de saída, ele permanece no seu sistema e impacta negativamente o presente. Um corpo saudável tem um fluxo constante de água o perpassando e, devido à nossa fisiologia, a pele é um dos principais órgãos onde tal processo acontece.

Os meios naturais de mover a água pelo corpo são urina, fezes e suor. Todos os três precisam desempenhar a sua parte e cada um tem o seu lugar. Cabe ao fígado, essencialmente, retirar as toxinas do sangue e levá-las ao intestino, daí a importância do funcionamento regular do intestino. Isto não significa que os outros canais não contam. A desintoxicação também acontece através da pele, porém a maioria de nós quase não transpira num dia comum. É como entupir o vaso sanitário e perguntar por que o banheiro fede. Esta é uma das principais vias, usada por nós há milênios, para a retirada do lixo.

Você precisa suar *diariamente*, e hoje é o dia de começar. Escolha algum exercício físico que o entusiasme, repetindo-o até suar profusamente. A sauna pode funcionar, mas a atividade física proporciona outros benefícios poderosos; portanto, que seja este o seu padrão de excelência.

Pense num rio que não flua. A água se torna viscosa e esverdeada. Um rio parado é um rio doente. Você nunca está olhando para o mesmo rio e o seu corpo se acha num estado de fluxo constante.

Destrave o fluxo e permita que os desafios de ontem sejam levados embora.

DIA 60
Tempo sob a luz do sol

Ultimamente o sol angariou má reputação. Todos nós ouvimos falar que a exposição aos raios UV causa câncer de pele e temos sido tão bombardeados com mensagens sobre os perigos do bronzeamento artificial que muitos de nós, em choque, preferimos permanecer dentro de casa, ou nos lambuzarmos de protetor solar antes de nos cobrirmos com um chapéu qualquer. É evidente que uma exposição excessiva aos raios UV pode provocar problemas, porém estamos também diante daquela história de jogar o bebê fora junto com a água do banho. Precisamos da luz solar para desencadear a síntese da vitamina D. Precisamos de luz de espectro solar total para equilibrar nossos neurotransmissores e é provável que necessitemos de dezenas de outras coisas que o sol nos proporciona e que a ciência ainda não descobriu. Nossos corpos são feitos para desfrutarem de algum tempo saudável ao sol e, assim, devemos promover um esforço articulado e cuidadoso para passar mais tempo ao ar livre a fim de colhermos os seus benefícios.

Hoje, independentemente da estação do ano ou da temperatura, tente passar alguns momentos ao ar livre. Não vá se congelar ou se tostar, mas esteja sob o céu aberto e deixe que os raios de sol se derramem sobre você. Está nublado? É melhor do que nada e, ainda assim, você estará recebendo inúmeros benefícios.

Ok. Então é simplesmente ficar ali, parado?

Não! Beba. *Sorva a luz.*

Esta é uma prática poderosa de que nos esquecemos na era moderna. As plantas absorvem a luz solar para realizar a fotossíntese da energia luminosa em energia química. Este é um dos milagres da vida, que possibilitou o nosso desenvolvimento na cadeia alimentar.

Hoje, trague a luz solar como se você fosse uma planta. Ponha-se sob o sol e sugue sua luz através de cada um de seus poros. Feche os olhos e visualize os raios de sol penetrando seu corpo, inundando suas células. A cada inspiração, sorva a luz solar até o âmago do seu ser e depois, ao expirar, permita-a se espalhar por todo o seu corpo.

Repita este processo várias vezes, tomando banho de sol e bebendo a sua luz. Exponha sua pele aos elementos da natureza tanto quanto se sentir confortável. É mais fácil com a luz solar direta; todavia, aproveite a exposição conforme as circunstâncias permitirem. Com o tempo você se dará conta de que este é um exercício incrivelmente rejuvenescedor. De fato, é até possível que você descubra o DNA de plantas milenares nas profundezas da sua consciência, o que poderá desbloquear algumas habilidades interessantes. As pessoas que aprendem esta prática e a executam com regularidade se tornam hábeis em energizar todo o corpo, mente e alma com a luz do sol.

Você é capaz de usufruir de um pouco disso?

Ótimo. A fonte de energia de todas as formas de vida neste planeta está bem ali, logo acima de você. Talvez seja hora de se conectar com o sol e reacender o fogo interior que os seus raios podem fazer faiscar dentro de você. Sorva luz.

DIA 61
Hora do chá

Há um motivo pelo qual a hora do chá é levada tão a sério em diversas culturas. É algo que contribui para estabelecer o ritmo do dia. De alguma maneira, nos Estados Unidos, nós nos acostumamos a nos pressionar o dia inteiro, sem quaisquer intervalos reais. Mesmo durante o almoço, tratamos logo de engolir alguma coisa a fim de termos tempo de buscar a roupa na lavanderia, dar um pulo no banco e fazer alguns telefonemas. Isto é loucura.

As culturas tradicionais sempre acrescentavam aos dias certos rituais capazes de ajudar a aliviar a tensão, o que permitia às pessoas se acalmarem, respirarem fundo e desfrutarem de uma conversa agradável com o pé fora do acelerador.

Quando foi a última vez que você agiu assim? Você corre o dia inteiro como um ensandecido que não pode parar sob o risco de desmoronar? Quão sustentável é este padrão? O objetivo é criar um ritual em torno da hora do chá que sirva de *âncora de sanidade* na sua vida. Fumantes estão sempre tirando um intervalo. Por que não você?

Vamos pausar alguns instantes hoje e tomar uma xícara de chá. Se surgir oportunidade, ponha água na chaleira. Talvez um chá de ervas seja preferível, caso você seja sensível à cafeína, ou tenha passado das 14h. Escolha o horário que lhe for mais conveniente, antes que esteja assoberbado, ou caindo aos pedaços. Porque neste ponto você estará pensando num copo de vinho, e será tarde demais para uma xícara de chá. A hora do chá destina-se a interromper a progressão da tensão e auxiliar você, literalmente, a descarregar e eliminar frustrações antes que uma quantidade perigosa de pressão se acumule no seu sistema.

Este ritual funciona porque o chá não é algo que se possa beber às pressas. Além de ser necessário tempo para preparar a infusão, e tempo para depurá-la, é quente demais para que o sorvamos rapidamente. Recomendo colocar o chá numa xícara de boca larga pois, ao segurá-la com ambas as mãos, você saboreia o conteúdo devagar e aspira o vapor. O ideal é que este ritual aconteça no meio da manhã e no meio da tarde, interrompendo, assim, o seu dia de um modo agradável, intervalando períodos de produtividade e alguns minutos de descompressão antes da retomada de seus afazeres.

Não é necessário você alterar toda a sua vida, mas faça uma experiência hoje. Tire dois breves intervalos no decorrer do dia e passe de 10min a 15min bebericando um chá do seu agrado e relaxando, quer sozinho ou acompanhado por alguém que não vá falar sobre assuntos estressantes relacionados ao trabalho.

Talvez demore alguns dias até você se acostumar com esta inovação, entretanto logo encontrará conforto no ritual e, por incrível que pareça, sua produtividade provavelmente aumentará. Veja os britânicos. Eles ocuparam a liderança mundial do comércio e construíram o maior império que o mundo jamais havia visto. Sem abrirem mão da hora do chá. Talvez devêssemos nos inspirar em sua sabedoria.

Analise como você se sente. Se desejar, empenhe-se em inserir um ritual semelhante em sua vida e observe aonde isto o leva.

Você dispõe de muito tempo. O problema é como compartimentá-lo. Reservar um tempo de qualidade para si mesmo torna o tempo de trabalho menos exigente. Quando você está menos sobrecarregado, despende menos energia e, portanto, se sente melhor e é mais produtivo. A matemática é simples. Não se deixe seduzir pela mentalidade americana de que "você pode descansar quando morrer". Isto está matando todos nós, inclusive o planeta Terra. Hoje vamos diminuir a nossa agitação e bebericar um pouco de chá.

Aproveite a vida: que conceito inovador!

DIA 62
Tempo junto ao fogo

Hoje você vai precisar estar perto do fogo. Se forem labaredas alimentadas a gás, tudo bem, mas o ideal seria aquele velho e bom crepitar da lenha. Acomode-se e prepare-se para passar alguns momentos junto ao fogo esta noite.

O fogo é uma coisa incrível a que não tendemos contemplar. É a liberação de energia de uma base material desenrolando-se diante de nossos olhos. A madeira – ou o gás natural – está sendo levada a um estado de hiperexcitabilidade em que a energia entre as ligações moleculares é desprendida como calor. Essa energia estava estocada há muito tempo e, no caso do gás natural, há mais tempo ainda.

Por conseguinte, você está olhando para o passado. Você está perscrutando uma janela de energia vital que estivera aprisionada em alguma forma material e agora está sendo lançada de volta à atmosfera. Não se trata de algo estático. Assim como um rio que flui, a chama está constantemente se renovando, com um material fresco em combustão.

Sente-se defronte do fogo e contemple a sua atemporalidade. Espreite as chamas e enxergue o passado. Você está observando uma energia milenar vindo na sua direção, uma energia solar aprisionada que se transmutou em ligações químicas, por meio de alguma vida vegetal, e esteve isolada em carbono há muitos anos. Esta é, portanto, a luz do sol que um dia brilhou na Terra, tempos atrás.

Como as chamas o fazem sentir-se? Os antigos adeptos do zoroastrismo usavam o fogo para limpar as próprias energias e purificar sua alma. Nas festividades, costumavam pular sobre as labaredas, ou sentavam-se ao seu lado, movidos pelo entendimento de que o fogo se destinava a purgar suas impurezas.

A prática desta noite é sentar-se junto ao fogo e deixar-se banhar por sua luz. Permita que a energia do fogo purifique seus pensamentos, sentimentos e humores. Ouça o som das chamas. Entregue-se.

Depois de passar algum tempo diante da lenha queimando, você perceberá uma vigorosa mudança na cadência. O fogo crepita com mais ardor, mais rápida e furiosamente, com a adição de uma nova tora. E, então, a qualidade da emanação começa a estabilizar e diminuir. Se você esperar mais um bocado, verá o fogo extinguir-se. As labaredas se transformam em brasas vermelhas e desvanecem.

Em que estágio de combustão da sua vida você está? Você tem que adicionar novas toras o dia inteiro para manter a fogueira da sua vida acesa, ou está lutando para encontrar lenha a fim de acender o fogo? Como a sua chama está ardendo e quais são os ajustes necessários para melhorar a taxa de queima? Essas são perguntas que apenas você pode responder e que talvez exijam uma reflexão séria. Que o fogo real, à sua frente, sirva-lhe de mentor e guie sua consciência. Abandone-se ao estado de relaxamento que as chamas induzem e deixe a energia por elas emitidas despoluir sua mente, pois é daí que surgem as boas ideias. Limpe o entulho mental e permita que a inspiração lhe chegue através desta depuração. Atingido este ponto, pense sobre o seu próprio fogo e em como você pode ajustá-lo para melhor atender às suas necessidades.

DIA 63
Tempo e luz

O tempo acha-se vinculado à qualidade da luz que estamos experimentando. Criamos uma maneira de rastrear nossos dias através do movimento do sol e da inclinação do nosso planeta. Isto nos dá a hora do dia e as estações do ano, estando tudo relacionado aos raios de fótons vindos de cima.

Nossa percepção do tempo está intimamente ligada à quantidade de luz em nosso ambiente, o que ajuda a induzir a glândula pineal a sinalizar uma desaceleração no decorrer do dia. Temos vivido pautados por tal mecanismo há milhões de anos, porém o século passado desafiou esse circuito com uma superabundância de luz.

Ao sair de casa cedo, pela manhã, observe a velocidade do compasso do tempo ao seu redor. A lentidão é perceptível. As coisas estão principiando a se mexerem. Talvez os pássaros estejam começando a chilrear; talvez ecoem ruídos distantes de um carro acelerando. A atmosfera reinante ainda é calma e morosa. Respire fundo algumas vezes, inspirando o ar pelas narinas. Repare no que o cerca e, se possível, fique descalço.

À medida que o sol desponta, o tempo se apressa. Nós passamos a nos mover mais rapidamente e o burburinho se espalha pelo mundo. De fato, o mundo continua ganhando velocidade, que se estende pela tarde afora, até a trajetória do sol entrar na curva descendente. Então aguardamos o momento de voltar para casa e reduzir a velocidade outra vez. À medida que a luz vai se extinguindo, é-nos sinalizado ser hora de tirar o pé do acelerador.

Pelo menos é assim num universo ideal. Independentemente do lugar onde você mora, as manhãs ainda costumam ser um tanto serenas e silenciosas. As pessoas começam a se pôr em movimento devagar e podemos experimentar uma calma relativa se levantarmos bem cedo. O desafio enfrentado por nós, hoje, em geral surge à noite quando, depois do sol se pôr, temos acesso a uma abundante luminosidade em nossas casas, além da claridade emitida pelos aparelhos eletrônicos e TV. Isto pode nos manter acordados muito além do ritmo natural dos nossos corpos, que evoluíram de modo a estar em sincronia com a natureza.

Observe o que acontece quando você interage com esses ritmos. Saia ao meio-dia e absorva alguns raios de sol. Como você se sente? Você consegue notar a diferença na qualidade do tempo? Pois deveria.

Hoje, perceba a diferença de como você se sente quando a luz ao seu redor começa a mudar. As grandes transições – do alvorecer para o meio-dia e para o anoitecer – são um bom ponto de partida, mas, posteriormente, você será capaz de perceber a sutileza das outras horas. Busque a luminosidade avermelhada do entardecer e, então, pergunte-se como se sente exposto ao crepúsculo ou ao luar. Essas são coisas que afetam dramaticamente o nosso humor e amplitude mental. O desafio é sair ao ar livre e viver esta experiência. Hoje é o seu dia de praticar esse ritual.

Esta noite, saia para o seu quintal, ou qualquer outro local nas redondezas, onde você possa assistir ao crepúsculo. Apague todas as luzes possíveis, ou se refugie num lugar pouco iluminado. Desacelere e detenha-se na contemplação da transição da luz para a escuridão. Observe o que acontece em sua mente. Observe o que acontece com a velocidade dos seus pensamentos. Talvez leve uns 30min até você compreender claramente o que está havendo; portanto, não se apresse. Na natureza, não vamos da luz para a escuridão apertando um botão. A sutileza e a beleza jazem exatamente na transição.

DIA 64

Intervalos regulares diariamente

Hoje vamos praticar tirar microintervalos. Programe o alarme do seu telefone, ou da sua mesa de trabalho, para disparar a cada 25min e faça uma pausa de 5min. Programe o seu dia para incluir esses intervalos e certifique-se de cumpri-los.

No princípio é possível que você se sinta um pouco relutante, pois, como sempre, *tem tanta coisa para fazer*. Tudo bem. Mas confie em mim nesta questão. 5min de intervalo a cada 25min são duas pequenas pausas por hora.

Ok. E agora?

Agora levante-se e alongue-se durante um minuto, quaisquer partes do corpo que desejar. Tente detectar onde é que você está emperrado e procure descomprimir a região. A maneira de consegui-lo é simples. Inspire fundo, concentrando-se na área tensionada enquanto a alonga. Relaxe aquela parte do corpo conscientemente, à medida que o ar a inunda.

Então pense no que você necessita e execute alguns exercícios rápidos. Talvez uns poucos agachamentos, afundo, flexões, polichinelos, ou uma das posturas da ioga, como a do cachorro olhando para baixo. Mantenha-se em movimento de 2min a 3min, a fim de melhorar a circulação sanguínea. Em seguida alongue-se por mais alguns segundos e depois vá tornar a encher sua garrafinha de água, ou vá ao banheiro, ou aonde mais precisar ir.

Atenha-se à norma de tirar intervalos de apenas 5min para não se deixar dominar pela empolgação.

Ou seja, numa jornada diária de trabalho de 8h, você terá 16 intervalos ficando, portanto, somente 25min afastado de suas obrigações.

O que este hábito proporciona a você?

Inúmeras coisas boas.

Em primeiro lugar, conserva seu sangue fluindo, para que você não desfaleça. Além de manter o oxigênio bombeando o cérebro, esta prática leva os músculos a metabolizarem os açúcares. Se a sua taxa metabólica ativa estiver elevada, sua taxa de repouso também permanecerá alta. Isto significa mais calorias queimadas durante o dia, mesmo enquanto sentado.

Por conseguinte, você consegue manter-se focado, lúcido e desperto – em geral num estado muito melhor do que se estivesse sendo movido a café.

Um benefício adicional importante é o aprumo na postura. Longas e duras horas sentados nos deixam encolhidos. Nossos ombros tendem a cair, os músculos flexores do quadril se contraem e um incômodo se espalha pela região lombar. Ficar de pé e agir contra essa tendência ajuda a compensar os impactos negativos da estagnação proveniente do sentar-se.

Programe seu alarme e cumpra o combinado hoje.

Na pior das hipóteses, você não notará nenhum benefício (o que não é possível!) e retomará seus velhos hábitos amanhã. Entretanto, se e quando você perceber o aumento da sua energia e a melhora do seu humor, você começará a fazer desta prática um dos aspectos mais importantes da sua rotina diária e jamais voltará a olhar para trás.

Invista algum tempo em si mesmo e o tempo que você "perde" será facilmente compensado em produtividade aprimorada, mais energia e um corpo mais em forma e flexível, pronto para agir mesmo após um longo dia.

DIA 65
Hora da chuveirada

Você saboreia a hora do banho? Por quê? Porque, em geral, é o seu momento de maior privacidade durante todo o dia. Provavelmente a água quente ajuda a descontrair os músculos tensos dos ombros. Sim, é uma escapadela terapêutica e agradável, porém há uma objeção: a menos que o chuveiro tenha um filtro que retire o cloro da água, sua pele estará absorvendo-o e seus pulmões respirando-o, o que prejudica as suas bactérias boas e afeta negativamente a tireoide.

Mesmo o cloro sendo filtrado e os banhos quentes e demorados parecerem ótimos, o fato é que não são positivos para o meio ambiente. A água doce é um recurso precioso e objeto de desafios em escala mundial. É provável que você esteja queimando carbono para o seu banho quente de chuveiro. Guerras são travadas por causa desse combustível.

Então como usufruir de alguma privacidade, relaxar o corpo, cuidar da higiene e se sentir pronto para o dia?

Banhos prolongados resultam de um *déficit de tempo pessoal*. O que significa que você não tem alimentado o seu registro de autocuidados e, assim, se demora no chuveiro, gastando mais tempo do que deveria. Hoje, analise em que aspecto da sua vida você poderia injetar um pouco mais de amor-próprio de modo a não se sentir como se algo lhe fosse devido. Onde você pode obter aquilo de que carece? Talvez se alongando pela manhã? Talvez marcando uma ida semanal ao massagista? Caberá a você determinar o que necessita e onde o encontrar. O objetivo do exercício de hoje é se conscientizar de que, em algum aspecto, você está agindo no piloto automático.

Tomamos banho todos os dias, portanto é uma ocorrência rotineira e inconsciente. Entramos no chuveiro e executamos as ações, todavia nossa mente costuma estar noutro lugar. Ficamos remoendo as experiências desenfreadas que ainda povoam nossa cabeça enquanto desperdiçamos água e torramos dinheiro. Não há nada errado com uma bela chuveirada, *mas que seja uma ação consciente*. Procure concentrar-se no seu corpo e preste especial atenção a cada parte que você está lavando – é esta a maneira de converter o banho num ritual consciente.

Os banhos são maravilhosos se você precisa de uma pausa. Encha a banheira, derrame sais e óleos na água, acenda algumas velas e sinta-se bem tratado por algum tempo. Desta forma, você pode tomar uma chuveirada rápida, para se limpar do mundo exterior, e, então, ficar imerso na banheira pelo tempo que quiser. Permaneça ali tanto quanto desejar e saboreie a experiência. Ao terminar, enxague-se rapidamente e dê a experiência por encerrada.

Se você fosse tomar dois banhos demorados por semana, como isto afetaria a sua quantidade de tempo passada no chuveiro? A verdadeira indagação é a seguinte: do que você *realmente carece* para se sentir inteiro? Não é a chuveirada que está lhe dando isso. A chuveirada é uma desculpa. Onde é que você pode encontrar e *alocar* o tempo de que gostaria para se sentir pleno? Encontre esse tempo, desfrute-o. E, então, você descobrirá como isto irá afetar, profundamente, a defasagem de tempo aplicada em muitas outras de suas atividades no decorrer do dia.

DIA 66
Os anéis de uma árvore

Quando olhamos os anéis de uma árvore, são muitas as informações a serem decodificadas. Podemos perceber uma impressão visual dos anos passados enquanto observamos as diferenças nas estações do ano. É possível detectarmos quando houve dificuldades, desafios, falta de água, e também fases boas. Perscrutando a história pregressa, os anéis de uma árvore constituem um verdadeiro e interessante almanaque que faz referências à história desta forma de vida – agora caída – à nossa frente.

Hoje, reflita sobre o seu tempo na terra neste contexto. Se você tivesse círculos concêntricos que demarcassem os seus anos vividos, como seriam eles? Pense nas épocas difíceis que você enfrentou. Que marcas lhe deixaram? Alguns anos desgastantes o afetaram? E aqueles problemas de saúde com os quais precisou lidar? Todos nós percorremos quilometragens diferentes, porém o impacto da jornada é notado em algum lugar nas nossas células, numa impressão bem semelhante aos anéis de uma árvore.

Olhe-se no espelho e estude as rugas que porventura estão no seu rosto. São resultado de tempos felizes ou tristes? Você esteve exposto aos elementos da natureza por longos períodos, ou não está conseguindo sair de casa tanto quanto gostaria? Você tem cicatrizes, ou próteses no corpo, adquiridas ao longo do caminho?

Hoje, vamos fazer um inventário de nossa vida e registrar os anos que mais nos impactaram. Percorra a linha do tempo e anote os anos, ou eras, de maior significado na sua existência. Você pode trilhar o caminho inverso, indo do presente para trás, e, então, avançar novamente, a partir do dia do seu nascimento. Desta forma, é provável que você se lembre de mais detalhes e sobreponha os matizes. Concentre-se nos grandes eventos, nos golpes e vincos que você veria nos anéis de uma árvore centenária.

Agora reflitamos sobre como você está vivendo a sua vida atualmente. Por acaso anda em rota de colisão com alguma questão desagradável? Você está vivendo tempos de calmaria, ou de desafios?

Este exercício nos ajuda a ter uma perspectiva mais abrangente do panorama da vida. Somos todos nós árvores altas que eventualmente caem. O que estará escrito no nosso registro biológico quando por fim desabarmos? O ponto mais importante é extrair algumas lições do passado e, então, navegar pela vida com um pouco mais de leveza. Os grandes sucessos demandam demais de nós. Resistir a muitos e rigorosos invernos talvez nos torne mais rijos, mas também pode sugar a nossa força vital depressa demais.

Como você pode ajustar seu crescimento para equilibrar algumas dessas tendências? Qual é a sua visão para a longa jornada? E você tem feito planos para os próximos anos? A ansiedade resulta de não nos sentirmos seguros em relação ao futuro. Hoje, reflita sobre o que você poderia fazer para encontrar um pouco de paz nos tempos que hão de vir. É possível você transferir alguns fundos e investi-los na poupança? Você é capaz de mudar um estilo de vida que não lhe será apropriado em longo prazo? Analise onde você pode ser desafiado na sua trajetória futura e efetue os microajustes agora.

Daqui a muitos anos, ao olhar para trás, para a sua vida, você acharia ter valido a pena travar a luta que vem travando hoje? A decisão é sua.

DIA 67
Construindo um legado

Alguma vez você já pensou sobre o seu legado? Bem, pois hoje é o dia! Se o seu tempo neste planeta é limitado, então você é como o resto de nós. Quer esteja consumindo suco de couve, tomando banho de gelo, evitando quaisquer alimentos processados, ou bebendo chá de *ginseng*, você acabará indo embora deste lugar. Qual será o seu legado duradouro?

A maioria das pessoas põe o foco principal nos filhos. Havendo criado bons filhos, e bons cidadãos, acham que agora podem se acomodar, em virtude dessa sua contribuição para um futuro melhor. Que bom que você já percorreu essa estrada, porém o que mais você tem feito? Que impacto você causou, pessoalmente, para transformar o seu cantinho do mundo? Hoje vamos nos debruçar sobre o trabalho que você ainda precisa realizar.

Qual é a causa que você considera mais importante? Que injustiça não suporta testemunhar? O que você vê ao seu redor e que lhe tira o sono à noite?

É hora de pôr mãos à obra.

São inúmeros os problemas do mundo que continuam se multiplicando porque muita gente fica à margem e presume que os desafios são desmesurados, ou que cabe a outras pessoas enfrentá-los e resolvê-los.

Não, não há ninguém mais.

Essas pessoas estão ocupadas, assistindo à TV, ou perseguindo as suas próprias paixões. Se algo desperta o seu interesse, ou gera frustração, estes são ótimos indicadores do que lhe cabe fazer. É o seu trabalho cármico. O que você gostaria que fosse escrito na sua lápide? Você está feliz com a história atual da sua vida, ou julga faltar um pouco de substância? Se você soubesse que ia morrer a qualquer hora, com o que poderia se comprometer corajosamente e que promoveria uma diferença no mundo real? Que palavras você consegue visualizar na sua lápide que o deixariam feliz e orgulhoso? Comece a escrever essas palavras agora. Não amanhã, hoje. Quer você já esteja bem encaminhado rumo a um legado admirável, ou ainda careça de clareza a respeito de que atitudes tomar, hoje é o dia de tomar uma atitude importante em relação a este objetivo. Dê um passo, por menor que seja, capaz de mover o mundo – mesmo que apenas um pouquinho – na direção de alguma coisa boa que você gostaria de ver acontecer.

Talvez você estivesse pensando sobre o que faria quando parasse de trabalhar e se aposentasse. Nada disso. Aposentado, você terá menos energia, mais incômodos, menos motivação e, até lá, mais nenhuma árvore pra olhar. Portanto, aja hoje.

Principie já. Analise minuciosamente o legado que você gostaria de deixar para o mundo e comece, agora, a traçar um plano para torná-lo realidade. Em seguida, faça algo que lhe dê a sensação de estar rumando para aquela meta. Por enquanto, talvez você tenha somente umas poucas horas semanais para se dedicar a projetos relacionados ao seu legado, mas tudo bem. Depois de uma atitude concreta despertar em você alguma energia vital, as coisas parecem ganhar vida própria. Esperar para começar a viver é o maior dos pecados. Quanto mais você espera, mais desculpas arranjará para *continuar esperando*. E então o quê? Então você morre de causas naturais sem deixar nenhuma marca duradoura no mundo? Não, não você.

Hoje, reflita sobre onde você deseja que o seu legado termine e, então, comece a traçar um plano pra merecer as palavras na sua lápide. Calcule quantos anos você imagina ter ainda para viver e pondere o que será necessário para calcar a impressão que você deseja. Talvez venha a ser um projeto de envergadura tal que você precisará de outras pessoas para ajudá-lo. Isto é bom. As pessoas seguem líderes com visão clara, entusiasmo e uma centelha de vida no olhar. Onde está a sua faísca?

Encontre-a. Acenda-a. Faça-a arder.

DIA 68
Hora da cama

A cama é para dormir e fazer amor. Deveria ser assim, porém, muitas vezes, nós a transformamos num local para o desempenho de múltiplas tarefas como, aliás, é de praxe em nossas vidas. Portanto, hoje, você vai ser multitarefa em qualquer outro lugar, menos lá. A cama é um espaço sagrado onde sua mente reconhece ser hora de fechar as janelas mentais e abraçar a noite. Tudo bem dedicar-se a uma leitura leve, todavia, com certeza, é insano lidar com as contas na cama. Se você tem os olhos fixos numa tela, está comprometendo as condições para um sono restaurador.

Hoje vamos analisar os seus hábitos saneadores relacionados ao sono. Você tem desacelerado da maneira adequada à noite, logo antes de dormir? Tem se empenhado em manter a loucura do mundo exterior fora do seu quarto? A noite deveria ser marcada pela *lentidão*.

Esquadrinhe o seu quarto hoje. Está bagunçado? Pois a desordem irá se refletir no seu cérebro. Antes de se deitar hoje, organize o espaço. Há TV no quarto? É hora de desligá-la. Os mais conceituados especialistas em sono concordam que a TV perturba tremendamente a qualidade do sono. Além de matar a intimidade, a TV gera um ruído inútil no cérebro, quando você deveria estar se preparando para repousar.

Qual é a temperatura do quarto? A ideal – embora varie de pessoa para pessoa – gira em torno de 20 graus. Um ambiente mais fresco auxilia você a dormir. Percorra o quarto e retire todos os aparelhos eletrônicos desnecessários. Sabe-se lá qual é o efeito de todas aquelas engenhocas zumbidoras sobre nós? Estamos tão entorpecidos e vulneráveis enquanto dormimos. Não vamos nos deixar cozinhar em ondas nocivas de energia nervosa.

Agora reflitamos sobre a questão da segurança. Quão seguro você se sente à noite? Por acaso ruídos estridentes o sobressaltam? Há alguma solução para a criatura roncadora que dorme ao seu lado? Talvez você precise de trancas nas portas, caso more numa área com um alto índice de criminalidade. Talvez um cão de guarda seja uma boa ideia – ou talvez o cachorro seja o tal roncador que precisa se acostumar a dormir na sala. A questão é tornar sua casa segura para que você possa se render ao sono. Dormir é se entregar e resvalar na escuridão silenciosa da noite.

Parece óbvio que escuridão é o oposto da luz, todavia dê uma vasculhada no seu quarto hoje e procure todos os itens que emitem luz, mesmo que pouca. Tudo isto é poluição luminosa que afetará sutilmente o seu sono. Livre-se deles.

O passo seguinte é pensar em todas as atividades que você carrega para a cama consigo. Ligações telefônicas? Mídias sociais? Com o que você está se ocupando na cama que não seja dormir ou fazer amor? Elabore uma lista e comece a traçar um plano para erradicar cada uma dessas ocupações. Você é livre para cuidar de seus afazeres no decorrer do dia, mas *não na cama*. Se você se mantiver firme e não recuar no seu propósito, algo mágico acontece. A noite se torna mais serena e os seus ciclos de descanso e recuperação melhoram. O tempo desacelera à noite, o que influencia o nosso humor positivamente, infunde-nos mais energia e amplia a nossa consciência. Tendo mais tempo para refletir e cuidar de si, a sua produtividade aumenta a cada dia.

Em geral são as pequenas coisas que fazem uma grande diferença ao longo do tempo em nossas vidas. Hoje, recupere o seu quarto e o converta num refúgio seguro para um sono restaurador e uma intimidade mais profunda. Experimente agir assim por algumas noites seguidas e você perceberá uma diferença significativa.

DIA 69

Quantos batimentos cardíacos ainda me restam?

O seu coração bate cerca de 100 mil vezes ao dia. São, aproximadamente, 35 milhões de vezes ao ano e em torno de 2,5 bilhões de vezes no decorrer de uma vida média. É isso aí. Isso é tudo o que lhe cabe.

Se você possuísse muito dinheiro – digamos uns 2,5 bilhões de dólares –, com certeza se consideraria rico. A vida útil dos seres humanos, em todo o mundo, é, em média, 71 anos. Portanto, se você tem 46 anos, 1,6 bilhão em dinheiro vitalício já foram gastos. Restam-lhe 900 milhões. Sim, ainda é muito, mas a partir de que momento você começa a ficar preocupado? Bem, independentemente da sua idade atual, a resposta deve ser "agora", se você não está vivendo a vida que desejaria.

Vamos sondar como você anda caminhando pela vida afora e ponderar se a sua trajetória atual tem feito aquelas pulsações contribuírem para a sua satisfação e felicidade, ou não. Se você está empacado num circuito de espera e não vê como escapar da estagnação nem daqui a 6 anos, são 210 milhões de batimentos consumidos na direção errada – quase 10% do seu patrimônio líquido. Faz sentido permanecer neste estágio, ou são necessários alguns ajustes já?

Reflita sobre a matemática dos seus batimentos cardíacos hoje. Quais foram os dias mais memoráveis? Quantos dias transcorreram rotineiramente, ou então que, corroídos por preocupações ou distrações, parecem haver sido um desperdício de pulsações? É provável que os seus dias costumem ser agradáveis, mas quantos foram os batimentos nos maus momentos? E em situações de extremo estresse e pressão? Quantas pulsações felizes seriam necessárias para contrabalançar os dias e anos difíceis?

Não existe uma resposta concreta e precisa para tais indagações, apenas uma mudança de perspectiva. Pensar sobre esse conceito de quando em quando é uma ótima prática, caso a vida nos distraia. Muitas vezes nos descobrimos parados à margem da vida, à toa, inativos, aprisionados num lugar onde preferiríamos não estar. É onde você se encontra agora? Se sua resposta for sim, como você planeja mudar de rumo?

A chave está na compreensão de que o seu tempo aqui é um presente e, quando aquelas pulsações pararem, seu tempo se esgota. O que mais você gostaria de fazer e vivenciar neste planeta? Que lugares deseja conhecer? Se o seu anseio é escalar uma montanha famosa, em que condição física você precisa estar? Algumas coisas não podem esperar até a aposentadoria.

Pondere sobre isto hoje e comece a traçar um plano de apoio que viabilize os seus sonhos e aspirações ao longo da sua trajetória.

Ainda restam a você muitos batimentos cardíacos que lhe permitirão sentir alegria genuína e felicidade neste mundo. Nos próximos dias, procure se assegurar de que alguma coisa positiva aconteça todos os dias, a fim de que você possa experimentar essa sensação.

DIA 70
Hora do banho

O propósito de hoje provavelmente terá que esperar até a noite. Disponibilize pelo menos de 30min a 60min – ininterruptos – para tomar um banho agradável e demorado. Talvez isso só vá acontecer depois que as crianças forem dormir, ou enquanto ainda estiverem na escola. Você simplesmente não *encontra* tempo para esse tipo de coisa: você tem que *reservar tempo*.

Force a barra e consiga reservar uma hora – que é o tempo ideal – para um banho prazeroso e demorado. Serão necessários alguns itens facilmente encontrados em quaisquer farmácias.

1) Sais de Epsom.
2) Algum óleo essencial de lavanda – ou incenso. A aromaterapia é ótima.
3) Velas.
4) Música suave.

Tome uma chuveirada rápida antes de entrar na banheira. Encha a banheira e adicione 1 ou 2 xícaras de sais de Epsom. Acrescente o óleo essencial antes de entrar na banheira. Acenda uma – ou algumas – vela(s) e ponha sua música suave. Desligue todas as outras luzes. Se você estiver ouvindo música no celular, mantenha o aparelho no modo avião. Este é um tempo para você! Programe o alarme, caso disponha de tempo limitado e não possa perder a hora. Assim lhe será possível relaxar no espaço que você criou.

Entre na banheira devagar e ache uma posição confortável.

O passo seguinte é concentrar a respiração no baixo ventre; o ritmo é profundo e lento. Inspire e expire pelo menos 20 vezes e, então, analise como você se sente. Se experimentar qualquer desconforto, relaxe e solte o corpo na água.

Tão logo se sentir novamente à vontade, retome a respiração no baixo ventre. Continue mantendo este ciclo respiratório e observe quão mais relaxado consegue ficar. De vez em quando, afloram coisas em sua mente. Não se apegue aos pensamentos, apenas deixe-os fluir, como se fossem camadas de cebola. Visualize a banheira sugando todas as suas toxinas à medida que o magnésio – que é um elemento natural dos sais de Epsom – é absorvido por sua pele. O magnésio ajuda a aumentar a atividade de suas mitocôndrias, o que contribui para energizar você, além de acalmar seus nervos e ajudá-lo a dormir.

Quando estiver pronto, esvazie a banheira e levante-se sem pressa. Tome outra chuveirada, porém se certificando de que, desta vez, a temperatura da água esteja ligeiramente abaixo da temperatura normal do corpo. A água não precisa ser gelada, e sim fria o suficiente para selar todos os seus centros de energia e revigorar o seu *qi* (energia).

Reservar um tempo para si pode parecer indulgência, mas reflita sobre como você se sente na semana posterior a este gesto de amor-próprio. Você descobrirá que o investimento em algum tempo de qualidade traz inúmeros dividendos.

A maioria de nós passa semanas inteiras reclamando de cansaço e de não ter tempo para si. Quando permitimos que esta situação se prolongue muito, passamos a ansiar por terras distantes, faxinas profundas e mudanças de carreira. Talvez um pouquinho de autocuidados mais frequentes seja tudo de que necessitamos para manter o equilíbrio. Experimentamos a prosperidade do tempo quando pressionamos a tecla pausa e *reservamos um tempo para nós mesmos*. Você descobrirá que o seu tanque está cheio de combustível e que você pode ser a melhor versão de si mesmo no decorrer de toda a semana.

DIA 71
Hora do cárdio

"Rápido", na nossa cultura, está atrelado à velocidade mental. Somos multitarefas, cumprimos prazos, pulamos refeições. Esta é uma rapidez estúpida. A velocidade que, de fato, eleva a frequência cardíaca de uma maneira saudável é algo completamente diferente, pois estimula a fisiologia, bombeia endorfinas, expulsa as toxinas através do sistema linfático e aumenta, efetivamente, as mitocôndrias e a produção de energia. Isto sim é coisa boa!

Portanto, a lição de hoje consiste em brincar com seus batimentos cardíacos e sentir a mudança na qualidade do tempo. Vá para um parque, academia, ou para algum espaço livre da sua casa, e prepare-se para se mexer. Alongue-se e aqueça os músculos a fim de não se machucar.

Exercícios cardiovasculares são ótimos para o coração e o bem-estar geral; sim, não estou contando nenhuma novidade. Hoje vamos analisar o treino cárdio sob outro prisma, o que irá propiciar uma perspectiva um pouco diferente da questão, podendo, inclusive, ser útil na sua vida diária.

Ao elevar nossa frequência cardíaca, é como se um relógio começasse a andar mais depressa. O sangue está sendo transportado através dos vasos por gradientes iônicos, e o coração está ajudando a empurrar e direcionar o fluxo dentro do corpo. O aumento da velocidade proporciona, com maior eficácia, mais energia, oxigênio e nutrientes para o cérebro e os músculos.

Talvez o tempo esteja avançando no mesmo ritmo exterior de seu corpo, mas, com certeza, houve uma aceleração interna. *Isto nos concede amplitude*. Assim, quando temos a percepção da velocidade, torna-se muito mais fácil entender como desacelerar.

Quando se sentir pronto, prepare-se para começar a correr, pedalar, remar ou nadar. Aqueça-se por cerca de 10min e, então, exercite-se até atingir sua intensidade máxima. Mantenha a frequência cardíaca elevada de 1min a 2min – dependendo do seu histórico de saúde e nível de condicionamento físico. Para a maioria das pessoas, este patamar elevado gira ao redor de 160 a 180 batimentos cardíacos por minuto. É possível fazer um teste na academia para descobrir qual é o seu VO2 máximo. Ou você pode calcular sua frequência cardíaca máxima subtraindo sua idade de 220. É importante sabê-la; porém, trata-se, essencialmente, de quando o seu coração está batendo forte no peito e recuperar o fôlego é mais difícil.

Desacelere e deixe a frequência cardíaca baixar para cerca de 110bpm. É provável que demore alguns instantes até que isto aconteça, dependendo do nível do seu condicionamento, portanto preste atenção aos sinais emitidos por seu corpo.

Atingida a frequência de 110bpm, volte a aumentar a velocidade até o seu limite máximo e a mantenha por mais alguns minutos. Novamente diminua o ritmo, até se recuperar. Repita este processo de duas a cinco vezes e alongue-se. Desacelere e recupere o fôlego. Observe como você se sente.

Este exercício é maravilhoso para nos mostrar a extensão de nossa percepção da qualidade do tempo; para acelerar e desacelerar nosso ritmo de acordo com nossa própria fisiologia. A lição que nos é ensinada aqui é poderosa. Em primeiro lugar, estar num bom condicionamento cardiovascular amplia a nossa extensão energética, tanto física quanto psicológica. Em segundo lugar, esta lição nos mostra que estarmos cientes deste fato pode mudar a taxa de queima de calorias e que uma rápida alteração na nossa fisiologia costuma afetar profundamente a nossa percepção da realidade. O exercício de hoje irá ensinar muitas coisas sobre você mesmo e também lhe dará muito mais controle sobre como você navega nas águas denominadas "vida". Aproveite a queima!

DIA 72
Tempo em meio à escuridão

A atividade de hoje terá que, literalmente, esperar até o anoitecer, quando a escuridão começa a se estender. Tempo de qualidade com pouca luz é o que os nossos ancestrais experimentaram por gerações a fio. Quando o sol se punha, eles acendiam velas ou sentavam-se junto à lareira para conversar.

Estávamos acostumados ao breu e isto tanto reconfortava a mente quanto era terapêutico para o corpo. Como? A escuridão sinaliza ao cérebro haver chegado a hora de começar a se desligar e se preparar para o sono. Então a temperatura do corpo cai a fim de que possamos entrar no modo manutenção e reparar os tecidos, crescer, processar o dia frenético que enfrentamos e, francamente, pressionar a tecla reiniciar. É o negrume que auxilia o desencadeamento deste processo.

Nesta noite, reserve alguns minutos para desacelerar em meio à escuridão. Caso sua família esteja por perto, vá para outro cômodo da casa, ou, melhor ainda, convide-os a participar da experiência. Apague as luzes e simplesmente permaneça sentado por alguns momentos.

Inicie a respiração diafragmática e mantenha os olhos fechados por 1min ou 2min. Quando se sentir concentrado, é hora de abrir os olhos. Olhe para e através da escuridão. Permita aos seus olhos se ajustarem. Que claridade tênue você percebe? Talvez o brilho de um relógio, de alguns aparelhos eletrônicos, ou de um dispositivo qualquer na parede? Talvez haja um pouco de luz vinda da rua, ou debaixo da porta do corredor. É possível enxergar o luar?

Respire devagar e profundamente, sempre no baixo ventre, e observe as tonalidades sutis da claridade em seu quarto escuro. Isto angustia você? Deixa-o desconfortável? Por quê? Afinal você está em sua própria casa e se sentia seguro segundos atrás. Por que a ausência da luz artificial transforma o mesmo ambiente num local assustador? Respire fundo. Relaxe o corpo.

Muitos de nós acabamos petrificados no escuro sem nenhuma razão lógica. Você não está correndo de lá para cá, portanto não precisa se preocupar com a possibilidade de se machucar. Findo este exercício, você poderá usar a lanterna do celular para caminhar até o interruptor de luz. Está tudo bem. Fique sentado, quieto. Relaxe em meio à escuridão do quarto.

Com o tempo você notará quão reconfortante é a *ausência de luz*. A noite deveria ser assim, pois essa é a nossa herança biológica. Quando passamos alguns minutos no escuro, nosso cérebro recebe a mensagem e começa a enviar sinais para o corpo *diminuir o ritmo* e desacelerar dentro da noite. Isto tem um efeito profundo sobre a nossa percepção do tempo.

Considere transformar este exercício num ritual noturno, em vez de uma atividade pontual, e veja como isso muda a sua rotina noturna e a sua capacidade de conciliar no sono. Imagine a serenidade resultante de terminar o dia se reconectando com os ciclos naturais da luz, e não com a televisão berrando enquanto você cochila diante da tela, ou com o brilho de um aparelho eletrônico enquanto você lê na cama. O breu ajudará a diminuir a sua energia. Habitue-se a se sentir confortável com a escuridão e respire profundamente neste espaço destituído de luz. Talvez seja difícil no começo, mas após desfrutar de algum tempo com qualidade, você será capaz de usar a escuridão para desacelerar e relaxar corpo e mente de maneira bastante eficaz.

DIA 73
Obtendo ajuda

Você anda sem tempo porque tem muito o que fazer? Sente-se como se ninguém o ajudasse e cada hora do dia parece estar sendo sugada para conservar os mecanismos da sua vida operando, quer os elementos sugadores sejam sua família inteira, o escritório em peso, todo o seu grupo social, ou uma combinação de tudo isso? Bem, você não está sozinho. Entretanto, não é necessário ser assim.

Obter ajuda não é fácil, porque, de alguma maneira, somos todos maníacos por controle. "Eu preciso que isto seja feito *desta forma* e *nesta ordem*." É como se a nossa função fosse manter a engrenagem azeitada nos bastidores e é possível que nem sequer saibamos com certeza o que faríamos se não estivéssemos sempre ocupados lidando com a logística.

Porém não ser capaz de conseguir ajuda é exaustivo e não pedir ajuda nos levará ao esgotamento. Hoje iremos tomar uma atitude a respeito.

Olhe para trás, para o ontem – ou para outro dia normal qualquer – e anote o que você fez desde o instante em que acordou até ir para a cama. Tente analisar separadamente os pequenos detalhes do dia, do tempo gasto no banheiro às tarefas realizadas. É provável que isto demore alguns minutos, entretanto vale a pena o esforço. Enumere as atividades numa folha de papel, uma abaixo da outra, anotando – na frente de cada uma delas – o tempo aproximado gasto na sua execução. Se por acaso algo não lhe ocorrer no momento, acrescente-o posteriormente.

Com a sua lista em mãos – e sim, ela nunca estará completa porque você faz um milhão de coisas diariamente – releia os itens enumerados. Assinale aqueles que você julga ser possível contar com a ajuda de alguém. Dependendo das suas finanças, o auxílio poderá variar de "pajear as crianças", "comprar mantimentos", "preparar a declaração do imposto de renda", "cozinhar o jantar" a "checar a hora do filme". Examine a lista e registre as tarefas que você poderia delegar. Mesmo não tendo condições de bancar este gasto extra agora, marque as tarefas que não *têm* que ser cumpridas exclusivamente por você.

O próximo passo é assinalar novamente aqueles afazeres já marcados e para os quais você considera plausível conseguir auxílio sem experimentar uma pressão significativa. Talvez um amigo ou membro da família esteja disponível para ajudá-lo. Talvez você e alguns vizinhos possam instituir a carona solidária. Talvez não seja necessário você preparar alguma coisa diferente para o jantar toda santa noite, se reservar dois dias da semana para cozinhar em lote. Talvez outra pessoa possa assumir a incumbência de planejar as atividades de vez em quando. Estes são os primeiros encargos merecedores de ponderação.

Eis a proposta. Hoje podemos comprar a maior parte dos produtos on-line, e por um preço razoável, o que implica menos idas às lojas. Pense no trajeto de carro, estacionamento e afobação que você acaba por evitar. O avanço: mais tempo reabsorvido. Que tal um ajudante? É possível ter um assistente virtual on-line gastando apenas 3 dólares por hora – experimente acessar www.upwork.com ou www.brickworkindia. Existem tarefas que você possa delegar pagando 3 dólares por hora com prazer? Neste caso, você estará contribuindo para a felicidade de alguma família, em algum lugar.

Você precisa de auxílio no trabalho? Talvez seja necessária outra contratação essencial, ou alguns estagiários. Reflita sobre isto. O Princípio de Pareto – também conhecido como a regra 80/20 – afirma que, para muitos eventos, aproximadamente 80% dos efeitos vêm de 20% das causas. Assim sendo, quais são os 20% que realmente levam você a avançar? Onde é que você está desperdiçando e onde é possível contar com ajuda?

Se a sua vida doméstica se tornou um atoleiro, aplique o mesmo princípio. Para onde seu tempo precisa ser canalizado e para onde ele está indo? O que você pode cortar e onde conseguir ajuda? Existem bilhões de pessoas neste planeta e são muitas as que se sentem satisfeitas desempenhando as tarefas que você não deveria estar fazendo. Reabsorva esse tempo e deixe os outros o auxiliarem. Hoje, escolha um item assinalado na sua lista e trace um plano para delegá-lo. Comprometa-se em permitir que alguém o ajude a executar esta tarefa e, então, retire-a da sua lista para não mais voltar. Se a sua primeira ideia de como delegar não funcionar, encontre uma maneira de a obrigação ser cumprida sem o seu envolvimento.

DIA 74

Tempo num lago

Alguma vez você já se perguntou por que os lagos são tão serenos? Uma das razões é por representarem o tempo detido. Pense nisso.

A chuva cai, penetra pelo solo e flui até um córrego ou um rio. A água se movendo configura a passagem do tempo. Você nunca está contemplando o mesmo riacho. O lago, por outro lado, está onde o fluxo para – ou pelo menos se aloja. A água se acumula e acomoda. Nutre as plantas nas suas bordas, alimenta peixes, insetos, algas e muito mais. Há ali uma calmaria que nos cativa, nos impele a desacelerar.

A água gosta de um lugar de descanso, e nós também. Hoje, procure destinar alguns minutos para interromper o fluxo das suas horas. Sente-se às margens de um lago ou de uma lagoa. Caso você não saiba onde localizá-los, consulte um mapa da sua região. Provavelmente acabará encontrando – para sua surpresa – uma massa de água muito mais perto do que presumia! Não precisa ser nada volumoso. Reserve um tempo para chegar ao local e pôr este exercício em prática.

Aprecie a beleza da natureza à sua frente. Inspire fundo várias vezes, concentrando-se no baixo ventre, e aquiete-se. Pense sobre o fluxo do seu dia como um riacho que corre. Pense sobre os eventos desde o início da manhã e visualize a água escorrendo sobre aquela cronologia. Volte ao momento presente e imagine um belo lago, junto do qual você deteve o fluxo do dia e está tirando algum tempo para refletir. O lago é mais profundo do que um córrego. A água está parada, calma. Perceba a diferença e alinhe seus pensamentos a esta metáfora. Desacelere o seu fluxo e "acomode-se" no seu lago. Permaneça alguns minutos neste estado e permita que a alteração de velocidade ocorra. É a mesma água com que você está acostumado, porém a qualidade do tempo mudou. Agora é a sua vez de mudar também.

Respire devagar e desfrute da serenidade do seu lago. Quando brotarem pensamentos sobre o resto do seu dia, basta desviar o olhar para a outra margem do lago, onde existe um escape para a água que, ao ganhar velocidade, torna-se novamente um córrego. Tudo bem – você chegará ali em breve. Você conhece aquela velocidade. Sorria e regresse ao conforto e à quietude do meio do seu lago.

Demore-se nesta contemplação tanto quanto possível. Se você não puder se deslocar até um lago real, visualize o cenário e os sons. Se, por sorte, houver um nas suas redondezas, bem, aproveite o máximo.

Permaneça no local e sinta o fluxo abrandar. Esta água é o reflexo perfeito da sua relação com o tempo. É algo que pode arrefecer ou acelerar. Neste exato instante você está num lago tranquilo. Talvez, rio abaixo, venha a navegar em águas turbulentas, mas, lembre-se, esta é uma experiência também decorrente dessas mesmas águas serenas que agora você admira.

Quando compreendemos como a água muda de fases, somos capazes de desfrutar de cada uma delas, com o seu sabor e vibração característicos. O que acontece com o tempo é similar.

Quando se sentir pronto para retomar o seu dia, dirija sua atenção para o escoadouro do lago e observe a si mesmo fluindo novamente num riacho. Não vá rápido demais: aproveite o percurso e entre no ritmo.

DIA 75
Observando os pássaros

Você já parou para admirar os pássaros? Quando foi a última vez que os notou – os observou, escutou, acompanhou?

Estamos rodeados por uma linguagem de vida fantástica, cantada pelos pássaros.

Na natureza selvagem, nossos ancestrais tinham uma percepção aguçada do pio dos pássaros. Aqueles eram sons que os avisavam da proximidade de um predador, se viria chuva, se havia agitação ou comida por perto e, de fato, transmitiam quaisquer outras notícias. O gorjeio dos pássaros nos comunica ocorrências cruciais do mundo natural e tudo de que precisamos é aprender a ouvi-los. Existem pios de alarme, canções amorosas e muito mais.

Hoje a sua prática consiste em passar alguns minutos explorando este reino estupendo.

Vá para o ar livre, encontre um lugar confortável, e simplesmente escute. Respire fundo, pelo diafragma, e concentre-se. Sintonize seus ouvidos com todos os sons que o cercam. Dê-se tempo para se acomodar. É provável que você ouça ruídos produzidos por seres humanos, por máquinas e por muitas outras fontes. Não importa.

Sintonize seus ouvidos aos gorjeios dos pássaros. Escute-os e, lentamente, comece a abstrair-se de todos os outros sons. Caso você tenha a sorte de morar perto da natureza, este *gong* será bem mais fácil. Continue respirando devagar e relaxe. Ouça. Ignore todo o resto e fixe a atenção nos ruídos dos pássaros. Num primeiro momento, não há necessidade de observá-los – basta seguir os sons.

Quantos ruídos você percebe? São de tipos diferentes? São trinados alegres ou tensos? Distantes ou próximos?

Isto não é um jogo que deve ser ganho, apenas outro mundo para visitar. Mantenha a respiração diafragmática e permaneça na companhia dos seus amigos alados por alguns minutos.

Será ótimo você observá-los brincando numa ocasião futura, porém esta prática foca, inicial e principalmente, nos *sons*. Familiarize-se com os pios dos pássaros e entre em sintonia com os seus gorjeios e cantos. Uma vez estabelecida conexão, você pode sempre retornar a este lugar mágico. Quanto mais tempo permanecer ali, mais os seus ouvidos ficam aguçados e mais sutilezas são percebidas. Trata-se de uma linguagem surpreendente, repleta de nuances que costumamos ignorar. Se é algo que você aprecia, baixe um aplicativo que ensina os pios dos pássaros da sua região.

Os pássaros são puros. Oriundos da beleza da natureza, ao contrário de muitos outros animais silvestres, ainda vivem suas vidinhas diárias entre nós. Eles podem nos servir de âncora suave para um *regresso ao nosso estado natural*, tão logo tenhamos aprendido a entrar em sintonia com o seu mundo.

Ouça-os e deleite-se.

DIA 76
Tempo no carro

Hoje vamos tomar de volta do trânsito o tempo que nos pertence. O americano médio gasta cerca de 1h por dia no carro. É o momento de esmagar a coluna, pressionar os quadris, desmoronar a postura e desacelerar o metabolismo. Não usar o tempo no carro com eficiência é uma forma de suicídio lento e hoje você fará algo a respeito.

Retomar o seu tempo envolve detectar onde estão as horas ociosas e desperdiçadas para as reabsorver em alguma coisa que promova satisfação.

O que talvez você já esteja fazendo são as ligações telefônicas. É ótimo conseguir pôr a conversa em dia com amigos e familiares, tornando, assim, o trajeto de ida e volta do trabalho mais fácil de suportar. Algumas pessoas, provavelmente, se ocupam com telefonemas relacionados ao trabalho, o que, com certeza, pode ser um uso eficiente do tempo, embora, na minha perspectiva, em nada contribua para reduzir o estresse. Mas quanto tempo de conversa é necessário para ir além de simplesmente preencher o vazio e gastar o fôlego?

Só você pode responder a tal indagação.

Existem livros que você gostaria de ler? Pois audiolivros são maravilhosos no carro. Imagine o quanto você se beneficiaria se usasse as idas e vindas do trabalho para se instruir mais, aprender alguma coisa nova, se entreter, ou pelo menos sentir que está recuperando o terreno perdido. São diversos os podcasts para escutar, palestras em universidades para assimilar e idiomas para aprender. Se um desses itens pertence à sua lista de objetivos em longo prazo, faça o *download*, alugue ou compre algo para o seu próximo trajeto de ida e volta do trabalho.

Digamos que você esteja exausto e necessitando recuperar o fôlego. Ok. Então o seu tempo no carro será embalado por uma música suave, visando criar um espaço sereno. Neste caso, o celular se converte numa distração ao roubar de você momentos preciosos de quietude que lhe permitiriam desafogar. Se você carecer deste tempo, reivindique-o. Em geral isto significa pressionar a tecla "ignorar" quando o telefone começar a tocar.

Outra peça-chave para a otimização do seu tempo no carro é manter o corpo ocupado e os músculos posturais ativos, mesmo sentado, o que implica conservar o pé esquerdo pressionando o apoio para os pés, de modo que o seu quadril fique nivelado e ambas as pernas trabalhem. Os músculos trapézios inferiores devem operar em conjunto, e o seu pescoço permanecer ereto a fim de que você não fique curvado o tempo inteiro. Estes são os músculos que você exercita ao erguer as mãos, com os cotovelos voltados para baixo, e ao mover os cotovelos na direção dos bolsos traseiros da calça. Ao flexionar os cotovelos para dentro, trazendo-os para junto do corpo, e em seguida os relaxar, é como se você estivesse formando a letra W. Retraia os músculos abdominais e se empenhe até a medula dos ossos, ainda que esteja sentado. Se você realmente deseja ser um campeão e se esforçar ao máximo, contraia e descontraia o músculo pubococcígeo várias vezes por minuto. Estes são os chamados exercícios Kegel, e o seu foco é fortalecer e restaurar o tônus da região pélvica, além de melhorar a vida sexual. Agora estamos nos entendendo.

Moral da história: não permita que o seu tempo no carro seja ocioso. Afinal, *é o seu tempo*. Respeite-o e empregue-o de acordo com as suas necessidades. É possível que um dia não seja igual ao outro, e não importa. O tempo lhe pertence e cabe a você determinar a melhor maneira de usá-lo, dia após dia.

Então do que você carece para alcançar o equilíbrio hoje? Como você pode otimizar o seu tempo para se sentir mais pleno? O trânsito talvez seja uma realidade dura para muitos de nós, porém não precisamos desmoronar e nos render.

DIA 77
Tempo e ganho de peso

Atualmente são tantas as pessoas preocupadas com o ganho de peso que isto se tornou uma indústria colossal. Hoje vamos analisar esta questão através das lentes do tempo e verificar se é possível liberar alguma energia.

A gordura é, essencialmente, energia armazenada em nossos corpos. Quando o aporte calórico é maior do que o gasto, o corpo converte o excesso de energia em gordura e a armazena, antecipando uma situação de crise. Antigamente a comida era escassa e nunca sabíamos quando seria a nossa próxima refeição. Este não é mais o caso.

Além do modelo aporte/queima de calorias, sabemos agora que o corpo também usa a gordura para nos proteger das toxinas ambientais. Vamos acumulando gordura ao redor de nossos órgãos para ajudar a defendê-los dos invasores químicos. Entretanto esta gordura visceral não é saudável, pois mexe com os níveis de açúcar no sangue, com a taxa metabólica e com a nossa autoimagem.

Portanto, colocaremos os "pingos nos is" hoje. A gordura é a energia armazenada que ainda precisamos queimar e que está sendo usada para nos proteger das toxinas que nos rodeiam. Podemos usar este conhecimento a nosso favor.

As calorias que consumimos ontem não foram queimadas por meio de uma atividade física. Partamos daqui. Isto significa que mais atividades hoje, e menos calorias ingeridas, mudariam essa matemática e nos permitiriam recorrer às nossas reservas de energia. Este é o modelo tradicional para a perda de peso. Embora saibamos agora que a equação é um pouco mais complexa, com certeza trata-se de um princípio que ainda se aplica. O importante a lembrar é o seguinte: praticar mais atividades físicas e consumir menos calorias na forma de carboidratos vazios – caso você esteja acima do peso.

O *gong* de hoje é sair para uma longa caminhada. Durante 1h, procure manter um ritmo agradável e rápido. Caminhe tanto tempo quanto possível. A chave está em seguir em frente e acelerar o seu metabolismo. Períodos mais prolongados de um esforço consistente podem acionar o modo queima de gordura, no qual seu corpo adoraria estar. Se você puder caminhar em meio à natureza, melhor ainda.

O objetivo é analisar o seu peso atual e determinar quanto de ontem você está carregando hoje. Como você pode ajustar a sua taxa de queima para equilibrá-la? Se você está carregando os quilos extras de ontem, hoje é o dia de se livrar deles para que seu corpo possa entrar nos eixos. Como alcançar tal meta? Acelerando o motor e aumentando o medidor do controle metabólico.

DIA 78
Tempo junto de uma árvore

Hoje você deve sair à procura de uma árvore. Olhe ao seu redor e descubra uma que lhe chame a atenção. Caso esteja numa região desértica, busque um cacto. Se, no mundo da lua, com que diabos você conseguiu este livro por lá? Encontre uma árvore que lhe cause impacto e ponha-se ao seu lado.

Árvores são majestosas. Suas raízes penetram fundo no solo e é ali que a magia da vida acontece. Ou seja, é onde bactérias, protozoários, vírus e uma infinidade de outras formas de vida trabalham em conjunto no solo, nos nódulos radiculares das plantas, para decompor a matéria inorgânica e tornar a vida possível para você. Sim. A mágica que ocorre na raiz da árvore permite a conversão da energia do sol em açúcares dos quais vivemos. E também permite que a árvore transforme o dióxido de carbono da atmosfera no oxigênio que você respira neste exato momento.

Ei, obrigado!

Esta é a prática de hoje. Vamos tirar um tempo e ser gratos por esta árvore. Feche os olhos e respire fundo por alguns instantes, concentrando-se no baixo ventre. Agora aproxime-se da sua árvore e toque-a. Não sendo viável tocá-la, contemple-a no decorrer desta prática.

Visualize as raízes saltando sob os seus pés. Ao expirar, empurre-as um pouco de volta no solo. Ao inalar o ar, respire energia e ilumine o percurso das raízes até o topo da sua cabeça. Sinta a árvore à sua frente. Entre em sincronia com ela enquanto respira através de suas raízes imaginárias. Repita o processo de 1min a 2min.

Em seguida, visualize as suas próprias raízes misturando-se e entrelaçando-se com as raízes da árvore. Conecte-se.

Comece a respirar em uníssono com a árvore. Você simplesmente ficou mais alto e mais enraizado. Respire fundo várias vezes, mantendo a conexão e usando a árvore como se fosse a sua antena de vida estendida. Relaxe e entregue-se às sensações.

Quando se julgar pronto para ir adiante, visualize suas raízes desembaraçando-se das raízes da árvore. Respire mais algumas vezes através das suas próprias raízes, extraindo energia do chão. Então, lentamente, afaste suas mãos e/ou o seu olhar da árvore. Agradeça-a e a abençoe antes de seguir em frente. Conserve as suas próprias raízes no solo e trabalhe para permanecer conectado e sentir a terra sob os seus pés o dia inteiro.

Uma vez havendo feito a experiência de passar algum tempo junto de uma árvore, brinque com outros tipos de árvores e plantas. Você perceberá as suas diferentes energias e vibrações. Procure um carvalho e, se tiver sorte bastante para achar uma sequoia gigante, aproveite bem a viagem.

DIA 79

Sua lista do que fazer antes de morrer

Hoje iremos nos debruçar sobre a lista de experiências que você gostaria de viver antes de esticar as canelas. Excluindo tudo aquilo que não é viável você levar consigo, concentraremo-nos nas experiências divertidas, gratificantes, enriquecedoras ou decadentes que você desejaria vivenciar antes de bater as botas. Talvez demore um pouco até que esta lista esteja realmente finalizada, então relaxemos e escavemos fundo.

Pense nas obviedades, naquelas que seriam as suas principais respostas referenciais. Talvez um jantar em Paris, conhecer Machu Picchu, ou orbitar a Terra. Talvez você sonhe morar um ano na África, ou observar os balões no Novo México. Pondere todas as experiências que você tem ambicionado viver e anote as que devem constar na sua lista.

Enquanto vasculha sua mente, continue listando o que quer que lhe ocorrer. Esquadrinhe o passado, percorrendo o caminho inverso até sua infância. Que experiências você almejava então? Anote-as também. É possível você acabar descobrindo que muitos dos seus desejos atuais ecoam os da sua infância, permanecendo assim em aberto na sua psique. Esmiúce-os e prossiga listando-os por mais alguns minutos.

Elaborada a listagem, o passo seguinte é calcular quanto tempo será necessário para fazer tudo isso. À direita de cada item, registre o tempo aproximado de que você precisaria dispor para viver aquela experiência em particular de maneira satisfatória. Só assinale como concretizadas experiências que de fato o contentaram; portanto, certifique-se de não reservar apenas um dia para alguma aventura num lugar longínquo. Certas experiências poderão ser concluídas em menos de 24h. Tomemos o paraquedismo, por exemplo. Para muita gente é um bate e volta, embora aos olhos de nossa mente pareça algo tão distante.

Perscrute e designe tempo para cada uma das atividades e depois estude a lista mais um pouco. Qual seria o tempo total gasto para realizar todas as suas aspirações de forma satisfatória? Talvez demore meses, ou anos. Tudo bem. Consideremos, então, sua idade atual e estado de saúde. Faça uma avaliação honesta de quantos anos você julga ainda ter aqui, no planeta Terra. Digamos que sejam uns 20 anos.

Agora analisemos o que você precisaria fazer a fim de vivenciar, senão todas, pelo menos a maioria de suas aspirações neste período. Convém se dedicar àquelas fisicamente mais desafiadoras primeiro, ao invés de deixá-las para quando estiver velho demais. Talvez você possa realizar algo a cada trimestre e planejar uma viagem maior anualmente. Talvez sua lista seja muito longa, o que exigirá uma aventura semanal.

É aqui que a realidade se impõe. Você necessitará de tempo *e* dinheiro para concretizar muitos dos seus desejos. Ok. Se essas experiências irão enriquecer sua alma e lhe proporcionar felicidade, temos que descobrir onde o seu tempo e dinheiro estão sendo gastos neste momento. Como é possível redistribuir esses recursos para investi-los no cumprimento gradual da sua lista? Por que não tomar esta atitude?

A matemática pode não ser simples, porém obrigará você a refletir sobre as coisas importantes. Como incorporar equilíbrio na sua vida a fim de que você injete paixão, aventura e plenitude em tudo o que faz? Por que não tomar esta atitude?

Pense no seu fluxo atual de tempo, dinheiro e energia e pondere sobre para onde é necessário redirecioná-los para que você possa viver as experiências desejadas. Isto o tornará muito mais consciente de como você gasta o seu tempo ociosamente e também lhe mostrará como o tempo é precioso.

Invista seu tempo em seus sonhos e você viverá uma vida plena.

DIA 80

Hora para curar o corpo

Nossos corpos precisam de tempo para se aliviarem do cansaço e se curarem. Quando foi a última vez que você abriu espaço para que isto acontecesse? Em geral avançamos aos trancos e barrancos, tentando chegar ao fim do dia e acumulando solavancos, escoriações, dores e fadiga. Presumimos que haverá tempo para lamber nossas feridas e sarar, mas quando? A resposta é quando ficarmos doentes, o que, não raro, é tarde demais. Nosso corpo é tremendamente resiliente. Aguenta muitas coisas por nós, e nós, quase nunca, paramos para honrá-lo, ou lhe dar um pouco de tempo e espaço para se recuperar.

Hoje, tire alguns minutos para se conectar com seu corpo. Inspire fundo, concentrando-se no baixo ventre, e entregue-se ao momento. Então se pergunte do que o seu corpo precisa. Aquiete-se e ouça o que ele tem a lhe dizer.

Talvez seu corpo o alerte sobre dores no pescoço e nos ombros. Talvez você tome consciência da tensão muscular decorrente de um treino pesado, ou do desconforto causado por um cinto ou sapatos apertados. Talvez você se dê conta de que está esgotado até a medula dos ossos. Isto é comum.

Então o que é necessário para restaurar o seu corpo hoje?

Reserve de 5min a 15min – ou mais, se possível – para se dedicar ao seu corpo. Empenhe-se em responder às suas solicitações. Por exemplo, se a região lombar estiver dolorida e cansada, deite-se no chão e se alongue, role de um lado para o outro, abrace os joelhos, execute algum exercício de ioga ou faça qualquer outra coisa que você sinta, instintivamente, ser capaz de diminuir o desconforto. Esta pode não ser a resposta definitiva a todos os seus infortúnios lombares, mas é, finalmente, um passo na direção certa. Que direção é esta? A do autocuidado. A partir daí você pode procurar auxílio profissional e caminhar rumo a uma solução.

Se o seu pescoço dói, endireite-se, aqueça os músculos trapézios e cuide da postura. A melhor maneira de fazer isso é ficar de pé contra a parede e observar quão confortavelmente sua cabeça se apoia na parede. Se estiver desalinhada, analise sua postura quando sentado à escrivaninha, ou no carro.

Joelhos e tornozelos precisam de cuidados caprichados. Gelo pode ser um bom aliado, caso haja inflamação. Fortalecer os músculos circundantes costuma ser a solução para essas articulações. A chave está em pesquisar os recursos, procurar auxílio profissional e fazer o necessário para curar seu corpo.

Autocuidado é o ingrediente que falta no nosso estilo de vida moderno. Nós, erroneamente, viemos a acreditar ser possível triturar o nosso corpo todos os dias e, então, passar no consultório médico para consertá-lo às pressas. Esta é uma conduta insana e, no entanto, todos nós a adotamos até certo ponto. Não hoje.

Hoje é o primeiro dia do resto da sua vida. Sua tarefa consiste em indagar ao seu corpo do que ele carece e, então, *fornecer-lhe aquilo de que necessita*. Adotar tal hábito o ajudará pela vida afora. Aprender a deter o tempo é uma mudança de paradigma que orientará suas boas decisões futuras e as tornarão frutíferas.

Seu corpo precisa de descanso. Precisa de espaço e tempo para se restabelecer. Hoje honraremos esta demanda e veremos o resultado.

Coisas boas acontecem àqueles que amam o próprio corpo. Hoje você é um deles.

DIA 81
Voto de silêncio

Hoje será um dia interessante.

A prática espiritual de fazer um voto de silêncio é terapêutica. Gastamos nossa energia em palavras desperdiçadas o dia inteiro, sete dias por semana, e esta prática ajudará você a recuperá-la. Vivemos num mundo ruidoso e nos acostumamos a produzir barulho para entrar em harmonia com essa sinfonia insana.

Hoje daremos um basta. O ideal é se distanciar e evitar contato com todas as pessoas, porém talvez este não seja um comportamento prático. Uma possibilidade plausível é se esquivar de quaisquer conversas desnecessárias. Explique a razão de sua atitude àqueles que o cercam para que ninguém passe o dia todo bombardeando-o com a pergunta "tem alguma coisa errada?" Seja reservado e só fale quando absolutamente necessário. Caso receba ligações relacionadas ao trabalho, é óbvio que irá atendê-las; entretanto, esteja atento à duração do telefonema. Ainda que precise conversar, pratique a economia da fala o dia inteiro. Reflita sobre o que você dirá e seja objetivo, claro e incisivo. Não há a menor necessidade de eliminar a doçura de sua voz, ou de parecer estranho. Pense na palavra "oi". De quantas formas diferentes podemos articulá-la? Procure inundar o seu coração de amor e entusiasmo antes de pronunciá-la. Quão diferente ela soa? Note como a carga de energia por trás de uma única palavra é capaz de alterar a vibração e o tom de toda uma interação. Menos pode ser mais. O contato ocular e um sorriso significam muito mais do que palavras ocas.

Afaste-se e se mantenha em silêncio tanto quanto for possível hoje. Poupe o fôlego e sinta o ar circular no seu abdômen. Observe o quanto desta respiração vital você tende a dissipar em sua vida. Observe o quanto você fala por falar. Por quê? Em geral é um hábito adquirido na infância, ou uma maneira ansiosa de preencher o espaço vazio ao seu redor. Hoje estamos aprendendo como deter o tempo e desfrutar da morosidade do silêncio. Aprenda a sentir-se confortável numa velocidade mais lenta. Se surgirem coisas que demandem sua atenção, anote-as e pondere-as. No silêncio fluem as correntes subjacentes das nossas sombras. Conseguimos enxergar o que nos causa desconforto, o que nos mantém sobrecarregados e drenam nossa energia.

Se você deseja mais tempo e energia, deve tomar consciência das emoções e pensamentos parasitas que o estão impedindo de atingir este objetivo. Você não será capaz de enxergá-los, ou, neste caso, de escutá-los, se insistir em passar dia após dia deixando-os correr à revelia.

Surgida a oportunidade de "entrar numa imersão total" nesta prática, escolha um dia em que ninguém irá importuná-lo e comunique àqueles do seu círculo que você fará um retiro de silêncio o dia inteiro. Caso alguém lhe dirija a palavra, escreva numa folha de papel, ou no celular, que você está se abstendo de falar. Sorria e refugie-se no seu espaço. O ideal é criar um espaço pessoal, de reclusão, a fim de usufruir deste processo. Isto ajuda a ancorar sua mente e diminuir o caos. De fato, você se surpreenderá com a estridência reinante, mas, à medida que as horas passam, as coisas melhoram e você percebe a diferença.

Aproveite o silêncio.

DIA 82

Permutando o tempo

Nós trocamos tempo por coisas todos os dias. Nós o trocamos por dinheiro, conexão, favores e diversão futura – férias ou aposentadoria. Podemos investir o nosso tempo hoje na folga de amanhã e acumular um certo número de horas à nossa mesa de trabalho em troca de algumas poucas horas na praia, ou em algum lugar aprazível. Tudo isso funciona e faz sentido no grande esquema das coisas, desde que obtenhamos aquilo de que necessitamos nessa permuta.

Você já embarcou numa viagem em que planejava descansar só para se descobrir arrastado para programas turísticos, engolfado por complicações logísticas e obrigações domésticas, que transformaram o seu sonhado descanso em dias medíocres? Isto acontece com frequência. O desafio surge porque você estava contando com esse tempo para recuperar o fôlego, desacelerar e diminuir um pouco a pressão. Você dedicou centenas de horas de trabalho para comprar essa escapadela e, francamente, a experiência não se revelou satisfatória. Que droga!

Podemos desconsiderar esses episódios no momento que sucedem, porém é preciso refletirmos sobre o que ocorre na nossa vida meses após nosso regresso. Retornamos com menos energia, entusiasmo e garra depois de viagens assim. O que buscávamos era um restabelecimento saudável de nossas forças e voltamos desprovidos do que carecíamos. Assim, temos menos paciência e energia para trabalhar todos os dias, e as próximas férias custarão a chegar. Este quadro leva à depressão, mau humor e a um consumo desmesurado de café.

Debrucemo-nos sobre isto hoje. As suas permutas de tempo têm sido valiosas? A troca é justa e equitativa, ou você está perdendo aquilo de que carece? Esta é uma matemática pessoal que precisa funcionar para você e suas necessidades individuais. Pense sobre o tempo que você tira para si e a troca exigida para obtê-lo. O valor lhe parece equânime?

Boa Matemática
Tempo investido < do que valor obtido
Má Matemática
Tempo investido > do que valor obtido

A troca fica interessante quando você traz à tona a qualidade e o valor do tempo diário gastos na sua vida a fim de que a carga não seja tão dispendiosa e cara. Desta forma, há menor déficit de tempo nas suas férias. Eventualmente você acaba fazendo algumas pausas agradáveis e, ao sair de um déficit de tempo negativo, a vida ganha um novo sabor: começa a ser divertida outra vez.

É neste ponto que o entusiasmo se renova.

Observe como você troca o seu tempo hoje e faça os ajustes necessários para maximizar o valor do seu tempo gasto.

DIA 83
Tempo sob a luz da Lua

Quando foi a última vez que você se deteve para olhar a Lua? Em que fase ela estava? Você se lembra de como a visão o fez sentir-se? Em geral, quando nos damos oportunidade de apreciar a noite, vivemos um momento profundo. Talvez então, naquele instante, reflitamos sobre por onde temos andado, paramos para agradecer, ou simplesmente exalamos o ar e contemplamos a magnificência da Lua.

A Lua é uma rocha flutuando cerca de 400 mil quilômetros de distância de nós e, no entanto, conseguimos enxergá-la nitidamente, a olho nu. *Pense sobre isto.* Reserve alguns minutos para absorver o tamanho e a escala daquele corpo celeste dependurado lá em cima, que espera, paciente, você parar e erguer o olhar, a fim de que ele lhe sorria de volta.

Os povos antigos investiram a Lua, assim como a Terra, de uma qualidade feminina. As estrelas emitem luz, que é refletida por planetas e luas. Portanto, o que você está vendo é a luz do Sol se refletindo na superfície de uma enorme rocha no céu. Essa rocha afeta marés, além dos humores e pensamentos das pessoas. E nos puxa para si.

Por milhares de anos, nossos ancestrais rastrearam o tempo e as estações do ano ao sabor da Lua. As mulheres tendiam a menstruar influenciadas por suas fases e os homens saíam para caçar à noite, à sua luz. A Lua desempenhou um papel central na nossa cultura e influiu no *timing* dos acontecimentos. Hoje nos esquecemos de olhar para o alto. De vez em quando até erguemos o olhar, mas quase nunca desaceleramos para apreciar a visão. Quanta insensatez.

O *gong* desta noite será procurar a Lua e passar no mínimo 10min admirando-a. A que horas ela nasce? Quando se põe? Se for Lua Nova, onde localizá-la? É Crescente? Minguante? Cheia? Observe o luar resplendente sobre os elementos ao seu redor – de preferência os pertencentes ao mundo natural. Observe-os sob esta nova luminosidade e detenha-se para *ponderar sobre o seu reflexo*. A Lua está refletindo o Sol com tamanha intensidade que a luz se derrama sobre nós; ainda que estejamos tão distantes dos raios originais. Como esta destilação afeta a aparência das coisas? Acaso imbui de outras qualidades aquilo que você está mirando?

Reserve alguns momentos e aprenda a enxergar o que o rodeia sob a luz da Lua. Tudo se reveste de mais suavidade e se torna mais sereno ao luar. O tempo retarda, e nós também. Nossos ancestrais bem o sabiam e se deliciaram com a experiência. Nós precisamos nos esforçar para redescobrir esta realidade. A boa notícia é que hoje é a sua primeira noite no lado certo desta equação. Hoje à noite você irá reavivar uma relação milenar com uma amiga amorosa que tem estado, pacientemente, à sua espera.

DIA 84

Aprendendo com os rastros dos animais

Antigamente nossos ancestrais costumavam extrair um grande volume de informações dos rastros deixados pelos animais. Ao analisá-los, saberiam se naquelas redondezas havia passado uma fêmea grávida, algum animal ferido, apressado, ou até mesmo brincalhão. É óbvio que interpretar os vestígios de outros seres humanos também era uma das habilidades mais relevantes que possuíamos. Quando, em meio à natureza, os rastros de pássaros, mamíferos, insetos e répteis nos contam uma história vigorosa do que está acontecendo numa certa área. Não raro os indícios ficam encravados no solo – e subsolo – e mostram os efeitos do tempo, do vento, ou do sol. Deste modo nos é possível ter uma ideia aproximada de quando um animal transitou por um determinado local baseando-nos nos seus rastros e na direção tomada.

Em suma, há uma quantidade abissal de informações enclausuradas na natureza que documentam a passagem do tempo ao nosso redor. Ancorada nesta proposição, a prática de hoje consiste, simplesmente, em anotar os indícios que você vê. Se você se empenhar o bastante, irá descobri-los. Talvez estes vestígios estejam à beira da estrada, ou talvez você tenha que ir a um parque, caso more numa selva urbana.

Mas os sinais estão presentes. Quando foi a última vez que você os percebeu?

Esta é a sua prática de hoje. Trata-se de sair da sua zona de conforto e aprender a observar o meio ambiente. Examine as pegadas que porventura encontrar e se arrisque formulando algumas deduções. Tente adivinhar a que animal pertenceriam e, então, faça algo que os nossos ancestrais nunca puderam, nem precisaram, fazer. Pesquise. Presumindo que você esteja com o seu smartphone, acesse a internet e confira a imagem das pegadas à sua frente com as do animal que você julga havê-las calcado. Seu palpite estava correto? Caso contrário, pesquise quais são os animais mais comuns na sua região e procure os seus rastros. De qual deles são as pegadas? Até os pombos deixam vestígios, por conseguinte, você necessita apenas desacelerar e observar.

É provável que esta seja uma novidade absoluta para você. Isto é bom, pois irá ajudá-lo a se ancorar em alguma coisa real que, durante anos a fio, esteve debaixo do seu nariz. Tenha em mente que tais informações eram cruciais num determinado momento da nossa história, não muito tempo atrás. Adentrar a floresta podia ser perigoso, e rastros recentes de lobos indicariam perigo. Como esta situação se apresenta na sua vida hoje? Talvez seja o som distante de uma sirene invadindo o seu espaço? A ameaça da morte nos traz à vida. A morte é real.

A chave é se escorar em algo concreto e aprender sobre isto já. A consciência situacional costumava nos manter vivos. Hoje nós a bloqueamos, e o resultado é que nos tornamos menos presentes.

Por meio deste exercício, ao olhar para trás, você está voltando no tempo. Alguma coisa aconteceu, e você está vendo o reflexo deste evento na Terra. Talvez seja o simples alvoroço de um esquilo, mas pare e saboreie a beleza daquele instante. Somos todos tão absorvidos em nós mesmos que tomamos as plantas e os animais ao nosso redor como garantidos. Não é de se estranhar que estejamos enfrentando o aquecimento global. Se de fato apreciássemos a vida à nossa volta, possivelmente não desviaríamos o olhar quando os caminhões levassem para os lixões tudo o que descartamos.

Desacelere e localize alguns rastros hoje. Descubra o que são e usufrua dessa sua nova habilidade por alguns minutos. Você acabará se dando conta de que outros rastros continuam surgindo no seu caminho nas semanas seguintes, à medida que você expande sua consciência sobre esse mundo novo. Isto é ótimo. Essas informações desbloqueiam a memória genética em você – os *genes* saudáveis que se lembram de como é desfrutar dos prazeres simples da vida.

DIA 85
Quando o sono é pouco

Seja nos primeiros meses depois do nascimento de um filho, seja dando duro nos estudos, ou em algumas outras circunstâncias da vida, é provável que você já tenha enfrentado fases de pouco sono. Às vezes a vida nos impõe um ritmo avassalador e nos sobra pouco tempo para nos restabelecermos enquanto cumprimos nossa agenda.

Todavia a insônia nos deixa cansados, esgotados, melancólicos, sem entusiasmo e dispersos. Se você costuma permanecer neste estado por longos períodos, com certeza já sabe muito bem que não tardarão a surgir os efeitos negativos sobre sua carreira, relacionamentos, saúde, humor e, possivelmente, em todas essas áreas juntas. Para a maioria das pessoas, menos de 7h ou 8h de sono é insuficiente.

Existem muitas maneiras de superar essas épocas difíceis. Pense quando foi a última vez que você passou por um surto de insônia – e talvez até esteja vivenciando um agora. Como você lidou com a situação no passado? Ingeriu montes de cafeína? Tomou pílulas? Trabalhou mais para compensar as horas insones? Olhe para trás, para aquela ocasião, e procure lembrar-se onde você se refugiou mentalmente. Então pondere o que mudou para provocar esse novo período de pouco sono. Talvez você seguisse bons rituais que antecediam ao sono e acabou se tornando relapso, abandonando-os? Talvez tenha ocorrido uma grande alteração em sua vida, como a chegada de um bebê, ou uma mudança para um bairro novo e barulhento? A insônia estaria relacionada ao seu nível de estresse no trabalho, ou num relacionamento?

Quando mergulhados nessa compressão do tempo é fácil nos sentirmos como se essa fosse uma condição infindável. A insônia nos tira do prumo. Vamos perdendo a esperança à medida que a nossa energia começa a minguar e a nossa luz interior bruxulear.

Onde é que você precisou se refugiar mentalmente para atravessar as fases duras? Você desejou que o tempo passasse mais depressa, ou desacelerasse?

A prática de hoje consiste em obter maior clareza e perspectiva quanto ao estado mental em que você se encontrava na última vez em que esteve insone e dormiu mal. Como a sua relação com o tempo foi modificada quando você andou dormindo pouco e se achava prestes a explodir? Você perdeu a noção do tempo? Sentiu-se tão frustrado a ponto de se esquecer do perfume das flores? Provavelmente sim. Todos nós passamos por períodos árduos.

Entretanto, a verdadeira lição começa agora. Ao refletir sobre aqueles dias turbulentos, o que você faria de modo diferente, sabendo o que sabe agora? Quais são as melhores maneiras de lidar com uma conjuntura semelhante no futuro? A versão atual de você mesmo tem mais sabedoria hoje e o benefício da visão retrospectiva. Analise aquela época de sua vida e descubra o que seriam considerados erros. Você transigiu, se embrenhou num atalho que, a despeito de mais fácil e mais rápido, o atrapalhou e lhe custou mais tempo? Talvez você não consiga recuperar algumas coisas, todavia, sem a menor dúvida, será capaz de planejar um ritual noturno mais depurado no futuro. Como incorporar mais horas de sono e revigoramento na sua agenda?

A compressão do tempo costuma trazer à tona o que há de pior em nós. Olhar para trás e, pelo menos, extrair lições daqueles dias conturbados podem nos ajudar a navegar em tempestades vindouras. A vida porá outras pedras no seu caminho. Simplesmente é assim que as coisas são. A questão é a seguinte: você está mais preparado desta vez? Se comportaria de um jeito diferente? Como?

Dedique algum tempo pensando sobre isso hoje e anote quaisquer impressões, ou pensamentos que lhe ocorram. Tal atitude contribuirá para o ajuste da sua perspectiva quanto a futuros estressores, além de corrigir sua relação com o tempo.

Como?

Ter conhecimento sobre as nossas tendências quando estamos sob pressão nos dá chance de controlar o grau da nossa percepção e evitar sermos arrastados pelas águas revoltosas do caos. Mesmo quando as coisas voltam a degringolar, é possível retornar à experiência de um evento passado e dele retirar sabedoria. Como você lidará com a presente situação de uma forma distinta das anteriores? Aonde você se recusará a ir mais uma vez? Como você pode conservar a calma e tomar decisões melhores nesta rodada?

Estas são perguntas que apenas você pode responder. E as respostas surgem quando vasculhamos as profundezas de nós mesmos e aprendemos as lições tiradas do nosso passado.

DIA 86
Tempo para ler

Hoje precisamos nos deter e avaliar o que a leitura é capaz de fazer por nós. A leitura cria *alavancagem*. Os livros compilam as experiências de uma pessoa e, então, as destilam em lições, histórias, vivências e curiosidades relevantes que podem nos ajudar a aprender mais sobre a vida. Os livros nos levam a novos lugares do mundo e nos fornecem informações, *insights* e conhecimentos.

Pense nisso. Você está assimilando a experiência de toda uma vida numa embalagem digerível. Isto significa que alguém irá condensar e empacotar o seu *tempo real passado* aqui, no planeta Terra, a fim de compartilhar as suas experiências pessoais com você.

É como um pacote de tempo compactado do qual você colhe sabedoria com muito menos tempo investido. Isto é a alavancagem.

As pessoas mais bem-sucedidas que eu conheço são leitores ávidos. Comprometidos em ser eternos aprendizes, não raro aprimoram as técnicas da leitura dinâmica para maximizar a eficiência e os resultados. Parece-lhe loucura? Pois saiba que a maioria dessa gente também passa muito mais tempo à beira da piscina do que uma pessoa comum – porque enquanto se refrescam estão se aperfeiçoando.

Hoje pegue um livro que você pretendia ler e leia 30 páginas no mínimo. Entregue-se ao processo de aprendizagem através da leitura. Não importa o gênero: romance, histórico, autoajuda, ou qualquer outra coisa. Agarre algo que tenha lhe chamado atenção e faça o propósito de encaixar a leitura de volta à sua vida. Tão logo você abra espaço para os livros novamente, começará a perceber como o rumo da sua vida vai se tornando mais nítido. Quanto mais você lê, melhor você se torna.

Este é um tempo bem empregado.

DIA 87
Hora do lanche

Lanches são ótimos para manter o nível de açúcar no sangue estável. Também ajudam a energizar o cérebro entre as refeições e nos fornecem o combustível necessário para permanecermos atentos e focados em meio ao assoberbamento dos nossos dias. Hoje vamos analisar a questão dos lanches e descobrir se podemos mudar um pouco a nossa perspectiva.

É fácil lambiscar. Descuidadamente, pegamos um pacote qualquer sobre a nossa escrivaninha, ou no carro. Pense na frequência com que você lambisca às cegas, enquanto executa uma tarefa. É possível que você venha agindo assim há anos sem nem sequer perceber o quanto está consumindo porque este se tornou um ato reflexo.

Quando agimos de forma inconsciente, somos arrastados para um reino mental nebuloso, dissociado do momento presente. Não havendo conexão entre a fome e o ato de comer, acabamos caindo no hábito reflexivo de nos empanzinarmos de todo tipo de *junk food* sem nos darmos conta.

Hoje vamos romper esta rotina de desatenção à hora do lanche. Sempre que você estiver à beira de começar a se empanturrar – seja no escritório, no cinema, ou em outro lugar qualquer – pergunte-se o que contém a comida que você está prestes a ingerir. É fácil não dar muita atenção àquilo que estamos enfiando goela abaixo, mas investigue com mais cuidado. O alimento é puro? Natural? Irá fazer-lhe bem?

Próximo passo: você está apreciando o que come? Deixamos de reparar no aroma, textura, sabor e temperatura do alimento quando nos dedicamos a outra atividade enquanto comemos. Este é um comportamento inconsciente e com certeza não honra a vida que você está assimilando em proveito próprio. Portanto, avalie as propriedades do alimento a fim de permanecer mais consciente do que foi consumido, quando o prazer da degustação começar a esvanecer.

Consideremos, agora, o volume total. É fácil dar cabo de um pacote inteiro de salgadinhos, ou de um pote de sorvete, enquanto assistindo TV. Não importa se são petiscos light, ou sorvete de coco sem açúcar. Você está entupindo o seu organismo de calorias demais e não há horas passadas na esteira capazes de equilibrar tal carga. Como é possível parcelar os alimentos à sua disposição? Em invés de pegar todo o pacote de salgadinhos, coloque uma pequena porção num recipiente e guarde o resto, pois desta forma será mais fácil vencer a tentação de continuar beliscando.

Em seguida, vejamos se a sua mastigação é lenta, o que permite a apreciação do alimento que você, afortunadamente, tem em sua mesa. Mais uma vez nos descobrimos mentalmente distantes, enquanto engolimos um lanche às pressas, quase sem mastigá-lo, o que dificulta a quebra parcial dos alimentos. A mastigação é a etapa inicial e essencial da digestão. Ao converter a hora do lanche num intervalo, você se surpreenderá com o quanto pode aprender sobre si mesmo, caso permaneça focado em como a comida o faz se sentir. Você estará, então, muito mais ciente de quando atingir a saciedade, ou quando a comida se tornar menos palatável, ou até quando a sua mandíbula começar a ficar dolorida de tanto mastigar.

Hoje, ponha em prática todos esses passos sempre que fizer um lanche. Mesmo que você vá comer apenas um punhado de amêndoas, desacelere e demore-se mastigando-as e saboreando-as. Além de ajudar a desencadear a sensação de saciedade – o que levará você a comer menos – também contribui para uma melhor absorção e assimilação dos alimentos. Cabe a você decidir: comer de maneira consciente e mastigar bem e lentamente os alimentos, ou gastar muito mais tempo para os assimilar e tentar se livrar das calorias extras mais tarde. O que você prefere?

DIA 88
Tempo para os vizinhos

Quando foi a última vez que você passou algum tempo na companhia de seus vizinhos? Quase todos nós nos limitamos a um breve "oi" enquanto corremos para tratar das nossas vidas. Um aceno rápido, ou um sorriso, e pronto.

As coisas não eram assim. Nós conhecíamos as pessoas que moravam nos nossos arredores e tomávamos conta delas. Elas, por sua vez, ficavam de olho nas nossas terras, nos nossos filhos, cachorros e caixas de correio, favores por nós retribuídos. Nós nos apoiávamos mutuamente e agíamos como comunidade. Esta não é a realidade hoje, pelo menos para muitos de nós.

Faça um esforço hoje para simplesmente se conectar com um de seus vizinhos. É provável que seja difícil, porque eles, tanto quanto nós, somos terrivelmente ocupados e costumamos passar batido uns pelos outros, mas *faça o esforço*. Não é necessário consumir 20min do tempo de ninguém, basta interagir por alguns instantes, com propósito e energia.

Como? Comecemos com contato ocular e um "olá" entusiasmado. Pergunte ao seu vizinho como ele tem passado e diga-lhe como é bom vê-lo. Talvez a pessoa esteja com pressa, portanto não force a situação para que não fique um clima estranho. Apenas mostre-se animado e acessível e procure estabelecer uma conexão que qualquer ser humano desejaria, se não fosse vítima de um frenesi aterrorizante.

Quem sabe você não convida um vizinho e a família para tomarem um chá em sua casa, no fim da semana? Ou vocês poderiam caminhar até o parque mais tarde, ou irem ao cinema à noite, ou saírem para jantar – escolha o que lhe parecer apropriado.

O objetivo é nos conectarmos com aqueles ao nosso redor e escapar da mentalidade de escravos-zumbis, típica do mundo moderno. Detenha o tempo e honre seus vizinhos reconhecendo sua existência e presença. Esses poucos minutos de interação talvez sejam tudo o que você irá conseguir hoje; entretanto abre-se um precedente para futuros encontros. A probabilidade é que o retorno de um gesto como este seja um sorriso muito necessário no fim do mês, quando você estiver realmente precisando de um incentivo.

Tendemos a ignorar as pessoas mais próximas e as tomamos como garantidas. Hoje não. Observe os moradores do seu quarteirão e reflita sobre o tipo de relacionamento que vocês mantêm. Você é um bom vizinho, ou vive "agindo daquele jeito", sempre ocupadíssimo para dar atenção a quem o cerca? Tudo bem: todos nós acabamos consumidos na correria desabalada dos tempos modernos. Todavia é fácil reverter esta situação. É necessário somente uma pessoa, isto é, você, para atravessar esse fosso e trazer as pessoas de volta ao momento presente.

Você não sabe o que dizer ao vizinho? Fácil. Fale algo a respeito da paisagem natural que ambos contemplam. Comente a beleza das folhas; o pôr do sol maravilhoso; a brisa suave; o movimento dos pássaros – tanto faz. A natureza é *real* e uma âncora que nos arrasta de volta ao presente, o que permitirá vocês dois estabelecerem uma conexão autêntica e dela desfrutarem. Sim, você seguirá adiante com a sua vida, porém esta prática criará um bom hábito com o potencial de crescer e florescer.

O objetivo é parar o tempo e simplesmente aproveitar a companhia de um vizinho por alguns instantes. Logo você se surpreenderá agindo assim com mais frequência e, um dia, poderá até perceber que mora numa vizinhança sólida, cercado de pessoas amáveis. Essas são coisas boas. Cabe a nós arranjar tempo para tê-las em nossa vida.

DIA 89
Relaxamento total

Alguma vez você já experimentou um estado de relaxamento total? Isto significa não se sentir consumido pela ansiedade, apreensão, preocupações, inquietações, ou pela pressão do tempo. Algumas pessoas nunca se sentiram seguras o bastante para se abandonarem a esta sensação. Talvez a dificuldade esteja relacionada a certos acontecimentos ocorridos na primeira infância, ou haver sobrevivido a uma guerra, ou talvez até por morar num bairro perigoso. São muitas as razões pelas quais não conseguimos relaxar e elas estão atrapalhando o caminho para a nossa plenitude.

Soltar-se, desapegar-se, é parte essencial do encontro consigo mesmo. Precisamos nos conectar com o nosso poder interior, entretanto alguma coisa interfere no processo. Alguma coisa nos atazana. É como viver num estado permanente de nervosismo, sem qualquer chance de nos desplugarmos. É possível que você sinta a tensão muscular se acumular nos ombros, ou na mandíbula. Há quem a experimente na parte de trás do pescoço. Outros a percebem como uma compressão no abdômen, ou no peito.

Onde você a sente?

Você já se deteve, alguma vez, para confrontar este sentimento? Por acaso já lhe prestou atenção e o validou pelo que é e por que está se manifestando? Esta é a prática de hoje.

Vamos voltar nossa atenção para o nosso interior, para os pontos do nosso corpo que relutam em perder a rigidez. Deite-se e inspire fundo várias vezes, concentrando-se no baixo ventre. Respire devagar, inflando a região abdominal como se fosse um balão. Trabalhe para relaxar todo o corpo, da cabeça aos pés, e reserve alguns minutos para se acomodar e sentir o peso do próprio corpo.

Agora analisemos o seu corpo em busca dos pontos de resistência. Em vez de tentar "fazer algo" por eles, tentemos um jogo diferente. Ao localizar uma região tensa, respire fundo e pergunte-lhe por que não é capaz de relaxar. Isto pode parecer loucura, porém você não tardará a aprender que ignorar o seu corpo é muito menos saudável.

Indague ao seu corpo por que ele está se agarrando à tensão, ou resistindo, exatamente naquele ponto específico.

Continue respirando devagar, concentrando-se na área afetada, e observe o que acontece. Alguma lembrança em particular começou a borbulhar? Aquela parte do corpo havia sofrido alguma lesão? Um medo infantil, por demais conhecido, ocorreu-lhe de repente?

Questione e seja paciente. Pode ser difícil pôr em palavras, mas certifique-se de conservar conectado com a sua respiração e permita aflorar a sensação de que o seu corpo tenta lhe transmitir. Perceba-a e continue sentindo-a. Leva algum tempo até entrarmos num ritmo em que podemos confiar nas informações originadas do nosso corpo como sendo autênticas, e não mero palavrório mental. Relaxe. Uma vez atingido este estado, simplesmente *permaneça* conectado com a sensação. Explore o espaço existente do outro lado da resistência.

O desafio aqui é de polaridade. Nós nos *afastamos* das sensações de desconforto a vida inteira. Consentimos que essas regiões se encham de teias de aranha energéticas e percam o viço. Distanciarmo-nos do desconforto de nada nos tem servido. É hora de enfrentar o tranco.

Respire, concentrando-se no ponto problemático, e relaxe profundamente. Quaisquer sentimentos, emoções ou pensamentos que brotarem são naturais. Afinal, estão abrigados nos seus tecidos há anos. Permita-os se manifestarem e fluírem através de você. Já não há necessidade de se esconderem. Deixe-os ir.

Quanto mais você aceita, mais profundamente consegue relaxar num espaço perfeitamente estático. Quanto mais você aquiescer, melhor irá dominar a arte de parar o tempo. É apenas ao nos desapegarmos, verdadeiramente, que aproveitamos o tempo eterno que nos rejuvenesce e restaura.

Você não pode arrastar o passado atrás de si por muito mais tempo. Encare-o e aceite-o a fim de se desapegar e deixá-lo ir.

DIA 90
Voltando a luz da consciência para dentro de si

Um princípio central do meu sistema de Alquimia Taoista – www.theurbanmonk.com/about/ – é aprender como redirecionar a luz da sua consciência, então lançada sobre o que o cerca, para iluminar o seu verdadeiro *eu*. Esta é a prática suprema do aprendizado de como deter o tempo. O seu verdadeiro *eu* não existe no tempo; o seu verdadeiro *eu*, encarapitado no poleiro do infinito, está em todos os lugares, em todos os momentos. Este é o grande segredo dos místicos. Entretanto, ouvir não basta. Muitas pessoas, contaminadas pelo consumismo espiritual, ficam pensando: "Ok, ok, já escutei isso. Diga-me alguma coisa nova". Esta é a marca da besta. Ter uma compreensão intelectual superficial de um conceito e achar que já entendeu tudo é uma falha espiritual fatal, que infectou o movimento Nova Era e conduziu ao egotismo e a atitudes de pretensa superioridade espiritual.

A *experiência* dessa atemporalidade é o momento mais transformador da vida de alguém. Atingir esse estado requer muita prática, e a maioria dos jargões espirituais da Nova Era destina-se a vender a você truques para tomar atalhos e poupar esforços. Não há atalhos a serem tomados. O caminho é um só.

Hoje faremos um mergulho interior. Encontre um lugar sossegado e escuro, onde você possa permanecer de 15min a 20min sem ser incomodado. Sente-se numa posição confortável, com as costas eretas.

Comece respirando profundamente, concentrando-se no baixo ventre. Prenda a respiração por alguns instantes, o que ajuda a estabilizar a mente e ancorá-la no nosso campo bioelétrico.

A partir daí, focalize a atenção no seu terceiro olho, que é o espaço entre as sobrancelhas. Ao inspirar, traga luz branca para este ponto; ao expirar, faça com que esta luz branca seja irradiada para fora, em todas as direções. Respire fundo algumas vezes, trazendo luz para si e emanando-a. Sinta o pulsar da luz, entrando e saindo de sua testa.

O passo seguinte é mover uma bola de luz cerca de 15cm adiante da sua testa ao exalar o ar. Ao aspirar, estabilize esta bola e inunde-a de mais luz. Ao expirar, transfira a sua consciência da testa para a bola de luz. Na próxima inspiração, concentre-se em voltar sua consciência para dentro, na direção da sua testa. Conservando-se à distância de uns 15cm, olhe para trás, para dentro de si.

Permaneça focado na bola de luz à sua frente e continue este exercício por mais alguns minutos. Sua consciência está repousando na bola de luz e olhando para o interior de sua testa. Mantenha-se neste estado tanto tempo quanto possível. É fácil distrair-se e permanecer focado requer muito treinamento. Tenha um vislumbre. Olhe para dentro de si, com a luz da sua consciência, e observe o que você *vê*.

Quando se julgar preparado, traga a sua consciência de volta para a sua testa ao inspirar. Inspire novamente a luz branca e expanda-a em todas as direções ao expirar. Conserve o foco no seu interior e respire neste centro de energia por mais alguns minutos.

Sentindo-se pronto para encerrar o exercício, basta colocar a mão esquerda na testa, com a mão direita sobre ela – ambas as palmas voltadas para dentro –, e respirar profundamente. Abra os olhos e analise como você se sente.

DIA 91
Libertando o tempo aprisionado

Hoje nós relaxamos.

As pressões compactadas da vida acabam se registrando em nossos corpos e, depois de umas poucas décadas, dão a impressão de haver fixado residência definitiva. Assim se manifestam no nosso pescoço, quadris, região lombar, ou até nos tendões das pernas, permanentemente enrijecidos.

Pense no seu corpo como uma mola, que deveriam se expandir quando liberada da pressão. Você tem carregado essa tensão por tanto tempo que parece estar aprisionado numa posição inflexível? Você anda por aí contraído, pronto para estourar? É comum.

Talvez sua cabeça esteja agora projetada para frente devido à tensão dos músculos trapézios superiores.

Talvez sua pélvis esteja torta de tanto você se sentar.

Ou seus joelhos estejam doendo porque você tentou correr estando fora do prumo.

Existem várias maneiras de agravar um trauma físico nos nossos tecidos, mas de quantas maneiras o liberamos?

O triste é que raramente o fazemos. Uma massagem ocasional com certeza ajuda; porém, quando as coisas já foram longe demais, acabamos precisando de fisioterapia. Esta é uma tendência negativa e, neste ponto, somos como uma bobina mola tensionada, prestes a estourar.

Desenvolver uma cultura de alongamento é o primeiro passo do rompimento deste círculo vicioso. Cada minuto alongando-se é semelhante a uma viagem no tempo. Você pode voltar a um incidente, impacto, fator estressor ou reação experimentados e os desbloquear. O corpo registra os estressores em nossos tecidos, e somos a prova viva de que essas coisas não se liberam sozinhas. Seguimos acumulando microtraumas até que cadeias musculares inteiras desenvolvam novas tendências.

Apenas uns poucos minutos dedicados a uma nova rotina diária bastarão para começar a fazer virar a maré. Se você está realmente exaurido, massagem, fisioterapia, acupuntura, ou ortopedia são opções válidas, porém hoje iremos intervir e tomar as rédeas da situação.

O tempo gasto respirando profundamente é um grande investimento. Alongar e desobstruir as partes rígidas do corpo liberam a tensão e o trauma aprisionados no passado, o que nos liberta no *momento presente*.

Pense nisso. Essa rigidez nas costas pode ter aparecido alguns anos atrás, ou surgido insidiosa e lentamente. Entretanto, não importa sua origem. O fato é que *ela está aqui e agora, retardando o seu presente*. Na realidade, o tecido sobrecarregado é similar a uma inércia de energia que impede você de viver plenamente e de agir hoje.

O alongamento ajuda a içar essa âncora do passado, desbloqueando a energia aprisionada no tecido e colaborando para que cheguemos ao presente. Estarmos realmente integrados em nossos corpos nos auxilia a nos tornarmos mais conscientes de nosso estado atual. Tão logo começamos a descontrair certos grupos musculares, sentimo-nos melhores e também mais cientes de como atingimos esse estágio. Alteramos nossa passada, corrigimos a postura, trocamos a cadeira, lembramo-nos de nos alongar antes de correr. Essa conscientização auxilia a evitar o surgimento de uma pressão adicional atual ou futura.

As forças opressoras da vida nos reprimem. Levam-nos a perder o ritmo e nos impedem de nos expressarmos plenamente no momento presente. Liberar essas energias nos liberta dos fardos de ontem e nos permite viver livremente o hoje. Eu diria que é um tempo bem aproveitado.

Hoje comece alongando os tendões das pernas e flexionando os quadris. Repita estes movimentos por alguns minutos. Em seguida, coloque uma perna à frente e flexione ambos os joelhos, alternando a perna à frente e exercitando cada uma delas por 2min. Então apoie uma das mãos na parede e expanda o peito. Mantenha essa posição por 1min e troque de lado, apoiando-se na outra mão. Vagarosamente, gire o pescoço de um lado para o outro, atento às partes que estão rígidas e estalando.

Por fim, alongue cada uma das partes tensionadas do corpo. Você saberá o que fazer. De fato, seu corpo mal pode esperar para se soltar e relaxar. Dedique algum tempo a isso.

DIA 92
Acontecimentos traumáticos

Você já reparou como acontecimentos traumáticos específicos do seu passado arrastam um certo peso para a sua cronologia mental? Impressos em nossa memória – e nas células do nosso corpo – retêm uma carga emocional que nos amarra àquele evento em particular. Se você imaginar uma cronologia com uma série de sinais positivos, um acontecimento traumático é como o marco de um sinal negativo que inverte os sinais positivos dali em diante.

Hoje, ao experimentar uma sensação desconfortável associada a alguma lembrança dolorosa, feche os olhos e retroceda na linha do tempo para uma análise. Desde o episódio em questão, existe uma inversão de polaridade passível de ser rastreada até o momento presente? Isto é comum.

Alfred Korzybski escreveu a respeito no seu livro *Ciência e sanidade*. Seu trabalho pioneiro nos ensina a regressar ao evento original e curá-lo onde e quando ocorreu. Se você está preocupado sobre como acessar o acontecimento adverso, siga suas emoções. Retorne à sua lembrança e observe quais emoções são suscitadas. Talvez isto lhe provoque inquietude, mas não desista. Respire fundo e procure detectar em que região do seu corpo as emoções se manifestam. Tente concentrar a respiração na área afetada. Descubra onde você permanece estagnado.

Parte de você jamais saiu daquele lugar, ou daquele momento. Assim, atados àquela energia e *àquele momento*, nunca conseguimos estar inteiramente presentes no hoje de nossa vida. Como podemos estar *aqui* se continuamos empacados *lá*? Como podemos estar no *agora* se nos encontramos parcialmente estacionados no *dantes*?

Não podemos. E, no entanto, é para onde direcionamos uma tremenda quantidade de energia. É onde despejamos a energia de hoje no drama de ontem.

Vamos resgatar isso. Invista algum tempo vasculhando sua memória em busca de lugares e épocas nos quais se sinta encarcerado. Como é possível cicatrizar o evento original? Aos olhos de sua mente, percorra o caminho inverso e regresse àquela situação específica. Observe o que acontece; todavia, desta vez, *congele a cena* e a inunde de amor. Em seguida, *reescreva a cena* da maneira como você gostaria que houvesse se desenrolado. Você é capaz de fazê-lo. Volte e perdoe, cure e crie um novo desfecho para aquela conjuntura. Então retorne do acontecimento traumático *rumo ao momento presente* e dissipe quaisquer outras energias que o estejam retendo.

Talvez você se dê conta de que há cadeias de eventos, ou incidentes, que lembram uns aos outros, e estes também precisam ser curados pois, não raro, são influenciados pela energia distorcida do acontecimento original. Isto requer muita prática, mas é extremamente libertador. Assim que você pegar o jeito, irá descobrir inúmeros lugares em sua psique onde você tem estado aprisionado num tempo passado, quando algum trauma emocional imprimiu sua energia em você.

Sim, pode parecer muito trabalho, porém a verdadeira labuta é carregar esse fardo o dia inteiro, todos os dias. Volte e depure sua cronologia hoje. Você se sentirá muitíssimo mais leve.

DIA 93
Você estará adubando flores

Alguma vez você já pensou no que acontecerá com o seu corpo após sua morte? Antigamente dizia-se: "Você estará adubando flores". Ouvia-se este ditado porque as pessoas eram sepultadas na terra e tudo, exceto os ossos, iria decompor-se e alimentar a vida ao redor. Hoje colocamos concreto em torno dos caixões ou cremamos os nossos mortos, porém o preceito permanece inalterado.

Quando chegamos ao fim, é o fim. Nosso espírito retorna à Chama Eterna, porém nosso corpo se transforma em alimento para a vida que nos rodeia. A terra nos come. Bactérias, protozoários, nematoides, vírus e muitos outros organismos se deleitam com a biomassa que nós costumávamos ser. Parece horripilante? Desculpe, mas é a realidade.

Então como interagir com a realidade da nossa mortalidade?

Parando e aproveitando o tempo que nos é dado. O mundo pode explodir amanhã. Pessoas são atropeladas por ônibus. A morte está sempre à espreita. Portanto, como você está vivendo a vida?

Pensar na morte não deveria deixar você deprimido. Deveria, sim, ajudá-lo a ter mais entusiasmo pelo tempo que lhe é concedido aqui, para que você possa otimizá-lo e saborear cada momento.

O que isto tem a ver com flores? Um bocado.

Quão puro estava seu corpo quando foi posto para descansar? Reflita sobre isso e antecipe os resultados. Seu corpo estava cheio de *junk food*, mercúrio, produtos de maquiagem tóxicos e substâncias químicas asquerosas? É assim que você gostaria de alimentar as lindas flores que germinam do seu corpo? Não tenho certeza de que irão vicejar.

Antes de enlouquecermos com as nossas "inovações" na química, a maior parte do que comíamos, produzíamos e colocávamos na nossa pele era natural. Por conseguinte, nós e o planeta não sofríamos nenhum impacto tóxico. Hoje as coisas são diferentes. Você ficaria orgulhoso de ser um combustível orgânico devolvido à terra, ou o seu corpo, de tão entupido de toxinas, que brilharia na escuridão?

Esta é a hora de pensar sobre o assunto e operar uma mudança. É possível limpar seu fígado, desintoxicar seu cérebro e ossos de metais pesados, eliminar produtos químicos da sua alimentação e da vida doméstica e ficar limpo em poucos meses. Como seria percebida uma versão mais pura de você? Qual seria a sensação? Que impacto você causaria no planeta e nas gerações futuras? Se aquelas flores sobre seu túmulo fossem comestíveis, você gostaria que os seus bisnetos as comessem?

A sua existência não diz respeito a você apenas. Você faz parte de um vasto ecossistema, e o seu tempo é emprestado. Hoje, pondere o seu marco calcado na Terra e como é possível o despoluir. Os produtos químicos deixam de ser produzidos se ninguém os compra. O que você pode fazer, neste exato momento, para afetar positivamente o seu legado no planeta?

Como seriam as flores no ecossistema da sua vida? Quão limpo é o rastro às suas costas?

Hoje opere as mudanças. Limpe o que entra no seu corpo e na sua pele. Este é um ato revolucionário que transformará o planeta.

DIA 94
Tempo perdido

Embora não adiante chorar pelo leite derramado, esta é, com certeza, uma oportunidade de refletir sobre como você poderia evitar um incidente similar no futuro. Tal é o acordo com o tempo perdido. Você não o está recuperando, entretanto há uma lição nas entrelinhas bastante educativa.

Nós perdemos tempo todos os dias. Seja saindo de casa 10min atrasados e pegando o trânsito no horário de pico, seja porque, desatentos, fazemos uma conversão errada. O fato é que temos horas demais desperdiçadas no trânsito a lamentar.

E quanto ao tempo gasto à procura de algo? Você pode passar uma eternidade vasculhando a casa em busca de coisas perdidas. O tempo escoa, e se aquilo que você procura não aparecer, restará uma lacuna em sua mente, o que só aumentará o seu estresse.

Verifiquemos onde é que você tem perdido tempo recentemente. Olhe para trás, para o último mês da sua vida, e pense no tempo perdido. Como esses incidentes se desenrolaram? Você foi descuidado, ou não manteve o foco naquilo que desejava fazer e na ocasião que desejava fazer? Os limites estabelecidos por você eram frouxos? Quão comprometido você estava com a realização da tarefa? Você acabou metido numa conjuntura social que se arrastou? Pondere todos os exemplos de tempo perdido que lhe ocorrerem e os anote. Torne a analisar a listagem e retire todas as situações em que você se recorda de haver estado particularmente frustrado por ter sido obrigado a ficar no compasso de espera. Quanto tempo você acha que perdeu para os itens enumerados?

Terminado o rol, vejamos como você poderia ter evitado a situação em que se encontra agora. Você descuidou-se de fixar limites? Esqueceu-se de seus outros compromissos? Havia algum motivo socialmente constrangedor que o levou a calar-se, ou a se afastar?

Existem inúmeras razões pelas quais ficamos empacados e perdemos um tempo valioso com coisas que não o merecem. O exercício de hoje consiste em escolher uma fonte crônica de perda de tempo em sua vida e elaborar um plano para bloqueá-la. Avalie onde você pode reabsorver parte desse tempo perdido *no futuro*. Compreender as nossas propensões e aprender onde é que precisamos intensificar o controle nos ajudam a alcançar tal objetivo. Isto não significa ser um idiota, caso exista em sua vida alguém tão moroso que tenda a detê-lo. Portanto, é necessário planejar com antecedência a fim de descobrir o que você pode fazer para mudar a situação para melhor e também como alterar o seu planejamento para acomodar as pressões inevitáveis que sempre o retardam.

Analise onde você perdeu tempo ultimamente e aprenda suas lições. Aquele tempo se foi, mas, na próxima rodada, aja com clareza para não cometer o mesmo erro outra vez.

DIA 95
Tempo criativo

Você já reparou como não é possível forçar o tempo criativo? Não raro, é necessário esperar até que a musa inspiradora dê o ar da sua graça; mas, e se você precisa ser bafejado pela criatividade hoje? Como ser criativo se, tecnicamente, não é algo que se possa impor? Pois pratiquemos então.

A criatividade surge quando o centro do nosso coração e o nosso terceiro olho estão abertos. Esses núcleos de energia tendem a desligar quando o estresse nos domina. Infelizmente é algo que acontece com a maioria das pessoas, e com demasiada frequência. O resultado é o amargor e menos acesso às seivas criativas provenientes de uma disposição mais descontraída.

Outro problema procede da tentativa de ser criativo, em vez de resvalar para um estado de receptividade. Você não pode "produzir" criatividade, entretanto pode permiti-la germinar. O desafio consiste em evitar a mentalidade que nos assevera: "Ok, vamos ser criativos agora". Isto não funciona. Relaxe em seu estado primordial e *permita* acontecer. Talvez nada ocorra abruptamente. Você está agora procurando acessar uma qualidade de tempo diferente, com regras próprias. Adentre este espaço respeitosamente.

Eis a prática de hoje.

Respire fundo, concentrando-se no seu *dantian* inferior – a pouco mais de 7cm abaixo do umbigo, no centro do seu corpo. Descontraia-se, acomode-se, respire devagar de 2min a 3min, atento ao sopro de ar que circula através do centro do seu corpo, inflando e esvaziando o abdômen inferior.

Em seguida, mova o foco para o seu coração. Sinta-o se aquecer e brilhar a cada inalação. Então deixe o calor se espalhar pelo seu corpo inteiro a cada expiração. Repita esse processo por vários minutos. Ponha um sorriso no rosto e continue de olhos fechados. Respire profunda, lenta e deliberadamente, permitindo à respiração suavizar sua cavidade torácica.

Abra os olhos e saia para dar um passeio, tentando manter esse tipo de respiração. Permaneça firme neste propósito e desfrute do mundo ao seu redor, sempre com um sorriso nos lábios e sentindo o calor perpassar seu corpo. Não queira dinamizar e extrair dados dessa experiência imediatamente. Acomode-se neste espaço e sinta-se confortável ali. Se alguma ideia genial aflorar, vá em frente e anote-a, ou grave um áudio no celular.

O ponto-chave é voltar a atenção imediatamente para a prática de hoje. Essa espécie de respiração ajuda a envolver o hemisfério direito do cérebro, que viabiliza a criatividade. Não deixe a sua mente lógica se sobrepor e impedir que tal aconteça. A criatividade *emerge* deste espaço. Você precisa sentir-se confortável e permitir que as seivas criativas brotem naturalmente. A mente racional cria uma espécie de repositório que, a despeito de útil, muitas vezes nos atrapalha. É provável que tenhamos nos imposto regras, limitações e regulamentos que nos conservam confinados no nosso modo de pensar e desvinculados da nossa mente criativa. Resvale para dentro do seu coração e acesse a energia ali existente. Deixe-a desabrochar como uma flor e conceda-lhe espaço. A criatividade não tardará a vicejar.

Ao longo do tempo, você terá mais acesso a esse espaço e, caso respeite esta qualidade diferente do tempo, poderá obter enormes benefícios em sua vida.

DIA 96
Tempo com as estrelas

Nossos ancestrais cresceram admirando as estrelas todas as noites, muitas vezes por horas a fio. Quando foi a última vez que você ergueu o olhar para o céu à noite? Melhor ainda, quando foi a última vez que você dormiu sob as estrelas? Aliás, tornou-se bastante incomum para os moradores de cidade até mesmo enxergá-las e menos ainda desacelerar para apreciá-las.

Nossos ancestrais criaram histórias maravilhosas em torno das constelações e também as usaram para fins práticos. Da navegação à mudança de estações, há uma matriz de dados lá em cima que nos ajudou a planejar safras, velejar e estabelecer cerimônias religiosas. As estrelas sempre foram muito importantes; porém, agora parecem habitar em Hollywood, e nós as observamos pela TV. Isto é trágico.

Hoje à noite saia e passe algum tempo olhando para o céu. Se você mora numa cidade repleta de iluminação artificial, considere a possibilidade de dirigir até um mirante onde a visão desses corpos celestes será mais nítida do que no seu bairro.

Planeje dedicar no mínimo 30min a esta prática. Caso você viva num clima frio, agasalhe-se bem.

Sente-se ou deite-se de costas no chão, suavize o olhar e contemple as estrelas. Você pode tentar identificar aquelas mais conhecidas ou simplesmente admirar o firmamento salpicado de luz. Respire fundo, concentrando-se no baixo ventre, e conecte sua respiração com o que você está vendo. Entre em sintonia com o céu.

Seu *gong* desta noite consiste em identificar três constelações. São inúmeros os aplicativos que podem auxiliá-lo nesta tarefa. Gosto muito do *Starwalk*, pois este, ligado ao GPS, ajudará você a rastrear as estrelas no céu noturno em tempo real. Identifique-as e, então, leia sobre elas.

Descubra o que os povos antigos disseram a respeito dessas suas três novas amigas. Se desejar, aprenda os nomes dos astros que compõem as constelações.

Esta é a parte maluca: quase tudo que você está enxergando lá em cima não se acha verdadeiramente presente. Na verdade, você está olhando para o *passado*. Levam-se milhões de anos para a luz daquelas estrelas chegar a Terra, e o que você está apreciando é a luz de éons passados. Em contrapartida, os seres humanos existem há uns poucos milhares de anos. E quanto a você, pessoalmente? Talvez esteja por aqui há algumas décadas. O universo conhecido tem bilhões de anos. Reflita a respeito por alguns instantes. Observe o céu escuro da noite e pense sobre onde você se encontra exatamente agora, na vastidão do tempo e espaço. É tudo tão portentoso que é difícil entender, mas a realidade dos fatos permanece. Se você tiver a sorte de contemplar um céu noturno límpido, irá constatar que há luz em *todo lugar*.

Estamos cercados pela enormidade de todo o universo, e as ondas de luz agora banhando você vêm de tempos imemoriais. Efetivamente, você está olhando para o espaço e *através do tempo*. Afinal, qual é o peso daquilo que o seu colega de trabalho comentou com você hoje, frente à sua percepção das coisas? Quão significativa é a sua vida? O que você pode fazer nas próximas duas décadas para deixar a sua marca neste planeta antes de ser reabsorvido na imensidão dessa tela eterna que nos cobre? Viemos da explosão dos corpos celestes acima de nós, e um dia, provavelmente daqui a muito tempo, nossos átomos estarão flutuando lá fora.

Pare por alguns momentos e analise os seus problemas diários em face à dimensão do que paira sobre você e, então, promova os reajustes. O universo é incomensurável e o tempo tão vasto que quase não conseguimos compreendê-los. Não faz sentido tirar alguns minutos para aproveitar a vida um pouco mais hoje?

DIA 97
Tempo de contato ocular e de contato face a face

Antigamente, quando estávamos entretidos numa conversa, havia muito contato ocular. Em qualquer interação humana, a parcela de comunicação não verbal é imensa e o contato ocular tem um papel preponderante. Os olhos são considerados a janela da alma e podemos dizer bastante sobre alguém – sobre como ele está se sentindo, quão confiável é, e muito mais – quando olhamos em seus olhos.

No mundo moderno, muito disso é perdido, à medida que vamos nos dispersando. A maioria das nossas conversas ocorre mais por meio de um teclado do que pessoalmente. Ainda que estejamos num mesmo aposento, nossos olhos não se fixam na outra pessoa, pois vagam de lá para cá sem parar, subjugados por aparelhos eletrônicos e telas digitais. O resultado são conversas entrecortadas, relacionamentos superficiais e indivíduos solitários.

Nós evoluímos ao longo de dezenas de milhares de anos para nos conectarmos uns com os outros genuinamente, face a face. Agora isto virou um aplicativo. Embora útil, nada substitui, de fato, o estreito contato humano e o envolvimento olho no olho. Só porque o mundo ficou ridículo não quer dizer que nós também devemos sê-lo. Recuperar a nossa humanidade não requer muito. Precisamos desacelerar e nos conectarmos com os outros. Precisamos tocar aquela alma humana cruzando as fronteiras do aposento em que nos encontramos e *enxergando* o outro verdadeiramente, com os nossos olhos. Volte o seu olhar para dentro de si e descubra as pessoas ao seu redor. Há muitíssimo mais a ser percebido do que as palavras que elas proferem, ou a maneira como agem. O seu *eu* verdadeiro está bem ali, diante de você.

Hoje, faça questão de se conectar com todos os que cruzarem o seu caminho, estabelecendo um firme contato ocular. Isto não significa encará-los e deixá-los incomodados com o seu comportamento, mas fitá-los com suavidade e sinceridade. Um sorriso caloroso e um comentário amigável revestem a situação de naturalidade. No decorrer do dia, você notará várias coisas.

Algumas pessoas se mostrarão completamente desconfortáveis com a sua atitude. Preste atenção a isso, porém não se permita ser dissuadido. Algumas pessoas se sentirão tocadas e reagirão imediatamente, desacelerando e lembrando-se do que, de fato, é real. Algumas poucas talvez se surpreendam e fiquem com lágrimas nos olhos, o que revela quanto tempo já se passou desde que tiveram um contato humano verdadeiro.

É possível até que você venha a constatar que algumas pessoas em sua vida são absolutamente normais e que estão espantadas por você ter resolvido dar as caras. Não fique chocado caso venha a descobrir que é você o desconectado do grupo, aquele que agora está retornando à vida.

Este exercício traz você ao presente e o conecta com as pessoas num nível emocional; é um espaço poderoso fora do alcance do ataque violento dos estressores do dia; é uma pausa na marcha frenética em que você se acha; um momento autêntico compartilhado com outro ser humano. Reserve um tempo para esta prática no decorrer do dia e faça anotações mentais do que você percebe.

Ao olhar para dentro dos outros, você irá se deparar com algo que não esperava encontrar: *a si mesmo*. Amar e reconhecer a existência do outro verdadeiramente é um caminho cristalino para encontrar a si mesmo. Não tenha pressa hoje e se conecte. Como se por magia, o tempo para e nos leva a um espaço sagrado. Saboreie-o.

DIA 98
Tédio

Quando foi a última vez que você ficou entediado? Para alguns, o tédio nunca é problema: essa gente mal tem tempo para cultivar os seus múltiplos interesses. Entretanto, este pode não ser o seu caso. Há milhões de pessoas quase morrendo de puro enfado todos os dias. Você se encaixa neste perfil?

Hoje mergulharemos no tédio, visto se tratar de uma postura interessante, um espaço onde a sua interação com o tempo deu errado. A maioria daqueles que se acham entediados tem suprimido os seus desejos por um período tão longo que sente-se aprisionada numa vida carente de qualquer entusiasmo. Talvez, na infância, você queria sair para brincar, mas era obrigado a sentar-se ao piano e praticar. E agora se ressente disso. Talvez você ame atividades ao ar livre; porém, viu-se forçado a arrumar um "trabalho convencional" para pagar as contas e acabou resvalando num torpor sombrio. Talvez você esteja deprimido e não há nada que o instigue. Isto também é comum.

Independentemente de qual seja a sua posição em relação ao tédio, o exercício de hoje consiste em se realinhar com o que você almeja para a sua vida e encontrar uma maneira de integrá-lo à sua vida atual, seja de que jeito for. Quando criança, o que você adorava fazer? Aonde você gostava de ir e por quê? O que tinha o poder de impressioná-lo, ou intrigá-lo, ou colocar um sorriso em seus lábios?

Passe alguns momentos refletindo sobre o que, verdadeiramente, lhe traz alegria e, então, pense quando foi a última vez que você se dedicou àquilo que lhe proporciona prazer. Serão as artes? Esportes? Culinária? Para alguns, é provável que já tenham transcorrido décadas desde que vivenciaram essa experiência. É o que a vida nos faz às vezes. Empolgados, embarcamos numa canoa furada e só vamos percebê-lo anos depois, quando nos descobrimos numa terra longínqua, no meio de estranhos com quem não nos identificamos. Estamos cansados, solitários, e chamamos este sentimento de tédio. Pois a realidade é muito pior. Trata-se de um desalinhamento fundamental da sua alma com o tempo que lhe foi concedido. Não há tapa maior na face de Deus do que um ser humano desperdiçando sua vida em algum lugar qualquer, destituído de paixão.

Você precisa de uma centelha. De onde a faísca costumava surgir? Como é possível encontrar algo que lhe devolva a alegria e o leve a reservar tempo para desfrutá-la novamente? O tempo lhe pertence. Sim, você pode trabalhar para alguém durante o dia, todavia ainda lhe resta muito do seu tempo a ser direcionado para alguma coisa pela qual você é apaixonado.

E o que o incendeia?

Continue escavando dentro de si mesmo e questionando-se. Experimente coisas novas e teste suas suposições. Olhe a vida como se através dos olhos de um estranho, de um alienígena, e ponha tudo o que você acreditava saber fora do seu alcance. Se você pudesse fazer o que quisesse no mundo, o que seria? Ótimo! Agora comece a remar nesta direção.

A prática de hoje é simplesmente passar algum tempo refletindo sobre isso e anotando os lugares onde você deixou sua alegria e se esqueceu de divertir-se. O tédio é um sintoma do nosso desalinhamento. Reconecte o seu coração àquilo que costumava ser a sua paixão e traga a alegria de volta. Escave!

DIA 99
Esperando

Hoje vamos avançar muito. Nossa lição é um truque simples que transformará radicalmente sua atitude em relação ao tempo. Tem a ver com a ideia de que você aprenderá a *nunca mais tornar a esperar*.

O que isto significa?

Em primeiro lugar, NÃO significa preencher todos os seus momentos ociosos grudando os olhos no celular. O que é ruim também acontece. As pessoas se atrasam. O trânsito pesado está em toda parte, e nada é perfeito. Este é o mundo em que vivemos. Nem tudo transcorre sempre do nosso jeito.

E o que fazemos nessas circunstâncias? Nós nos exasperamos, praguejamos, nos inquietamos e nos enfurecemos.

Qual a utilidade disso?

O plano de hoje é o seguinte: toda vez que você se surpreender sendo brindado com uma *oportunidade* para esperar, redirecione sua energia para algo positivo. Se você está num restaurante e o garçom lhe comunicar que o seu prato será servido com 5min de atraso, sua atitude deve ser: "Maravilha! O universo acabou de *me presentear* com 5min. Tal atitude pode implicar:

- Mais tempo de qualidade com a pessoa sentada à mesa com você.
- Alguns minutos para respirar profundamente, concentrando-se no baixo ventre, e relaxando o seu organismo.
- Tempo para escrever em seu diário e registrar alguns pensamentos.
- Tempo para ler, escutar um audiolivro, ou podcast.
- Tempo para pensar.

A moral da história é *tomar posse do seu tempo*. Jamais permita que alguém, ou quaisquer circunstâncias, tornem a desperdiçar o seu tempo. Você não precisa preencher cada instante das suas horas de vigília com produtividade e distrações. Você não precisa de absolutamente nada quando aprende a meditar. Mesmo em locais públicos, é possível se concentrar na respiração abdominal e nutrir seu espírito enquanto sentado, aguardando. Dessa maneira, o tempo de espera não gera angústia ou ansiedade, pois se converte em "tempo encontrado" para recuperar o fôlego e mergulhar profundamente num estado relaxado.

Você não está sentindo necessidade de relaxar? Ótimo. Alongue-se. Execute algumas flexões, ligue para a sua mãe, ou faça qualquer outra coisa.

O tempo é seu. Aproprie-se dele hoje e, então, transforme este exercício num hábito ao longo da sua vida.

DIA 100
Tempo ROI

Nos negócios, existe um conceito denominado Retorno sobre Investimento, ou ROI, para abreviar. O princípio é simples: deve haver uma recompensa pelos recursos investidos em um determinado empreendimento. Hoje vamos refletir a respeito, no contexto do tempo. Onde você anda investindo o seu tempo? Os retornos têm sido satisfatórios?

Quais são os resultados obtidos nesta fase atual da sua vida? Pondere o que está acontecendo em relação aos seus desejos, objetivos e aspirações. Como você gasta a maior parte do seu tempo e qual é o grau de alinhamento com o valor das atividades realizadas? Você tem se sentido mais perto ou mais distante das coisas e experiências pelas quais anseia? Se o seu tempo gasto não está se revertendo na vida que você almeja, então temos muito trabalho pela frente. Hoje, além de efetuarmos uma avaliação de onde o seu tempo se esvai, veremos se você julga haver outras formas melhores de usá-lo.

Examine sua agenda e verifique tudo aquilo que você faz e cujo desfecho não é do seu interesse. Se você tem hábitos nocivos à saúde como fumar ou comer *junk food*, bem, eis aí o ponto de partida óbvio. Em seguida, comece a analisar o que você não gosta de fazer, pois é isto que prejudica a sua qualidade de vida. São coisas realmente imprescindíveis? Muitas delas talvez o sejam por ora; todavia, como você pode mudar sua vida para tirar melhor proveito do seu tempo? Não estou falando em abandonar um emprego que lhe é necessário, ou não participar de eventos que são imensamente importantes para os seus entes queridos, mas haverá uma maneira de transferir a energia que você está dedicando às tarefas de que não gosta a fim de ter sobras de energia para turbinar aquelas que ama?

Você é capaz de reabsorver um pouco do tempo que vem sendo desperdiçado em atividades que não lhe proporcionam prazer? E quanto àquelas horas no trânsito? Talvez a adoção de um sistema de caronas, ou o uso de transporte público, possa liberar algum tempo extra. Talvez você possa ir para o trabalho de bicicleta e, assim, já se exercitar pelo caminho.

Hoje, observe quanto de satisfação, alegria, condicionamento físico – ou quaisquer outros parâmetros do seu agrado – resultam de suas ações. Trabalhamos por dinheiro. Como é possível maximizar nossa troca de tempo por dinheiro? Exercícios físicos são ótimos. Quem sabe você consegue obter mais resultados malhando durante o mesmo período? Por exemplo, se o seu costume é passar meia hora na esteira assistindo a algum programa na TV, que tal investir esses 30min num treino de alta intensidade e colher recompensas mais positivas? Hoje, não deixe pedra sobre pedra. Vasculhe tudo.

Você quer aproveitar ao máximo o seu tempo neste planeta, e todos nós vivemos em *tempo emprestado*. Se você está investindo o tempo que lhe cabe numa determinada atividade, imagine-se olhando para trás, daqui a alguns anos. Você acharia que este foi um tempo bem gasto? Caso contrário pare, agora, de desperdiçar a sua força vital no que não é relevante. É simples assim. Avance alguns anos e olhe para trás. Você se sentiria feliz ao ver como e onde você tem empregado o seu tempo no momento presente? Que retorno em longo prazo você crê que o seu hoje irá lhe proporcionar?

O desafio em relação à escassez de tempo é o nosso próprio sistema de crenças. O que está se passando em sua mente que gera carência e ineficiência em sua vida? Desafie essas crenças e se aproprie da forma como você gasta o seu tempo. Os resultados serão magníficos.

CONCLUSÃO
Adentrando na prosperidade do tempo

O tempo, essa força majestosa e poderosa, é a moeda corrente da vida. Podemos ou ser escravos de sua marcha implacável, ou intervir e dele nos assenhorearmos. A arte de parar o tempo e cultivar a sua prosperidade nos confere *autoridade* sobre a nossa vida. Deixamos de nos sentir fora do controle a conseguimos pôr ordem na bagunça que impulsiona a nossa ansiedade e insônia. Deparamo-nos com a prosperidade do tempo cortando desperdícios e saboreando os momentos que nos permitem recuperar o fôlego. Abandonamos as frivolidades e pendemos para o que aprimora e enriquece a nossa vida.

Agora, havendo completado o *Gong de 100 dias*, você se sentirá em harmonia com o tempo em que vive. Foram-lhe oferecidos montes de coisas nas quais pensar e inúmeras práticas para o auxiliar a reger o tempo todos os dias. Ainda há muito trabalho a fazer, e você precisará ser meticuloso e bastante ciente do uso do seu tempo. Às vezes o ritmo das coisas será acelerado e você terá que acompanhá-lo. Em outras circunstâncias, será necessário você se desligar e diminuir a velocidade. Porém, independentemente disso, estar em sintonia com os compassos da natureza ajudará você a descobrir a harmonia. Vamos nos alinhar com essa onda poderosa e aprender a surfá-la.

Releia as suas anotações dos últimos 100 dias. Em que ponto você se achava ao iniciar esta jornada e quão longe chegou? Do que você se deu conta de haver esquecido e como é possível entrar nos eixos novamente?

Ao seguir adiante, aplique esses filtros ao seu tempo todos os dias. Veja de onde você pode extrair o néctar da vida e usar o tempo como o seu maior aliado. Não sabemos quanto tempo teremos, todavia podemos escolher aproveitar ao máximo aquilo que nos for concedido.

Invista o seu tempo no seu legado, na sua família e em fazer da sua passagem no planeta Terra uma experiência enriquecedora. Aprenda a olhar através das lentes deste livro e extraia o valor máximo do seu tempo.

Viva uma vida de prosperidade do tempo que seja engrandecedora, solidária e restauradora.

Você está pronto para mais?

Convido você, agora, a reler este livro fora de ordem. Apenas pegue-o e abra-o aleatoriamente, num capítulo diferente a cada dia. É o que denomino método *Roleta Gong*. Cada lição irá imbuí-lo de maior clareza e significado. Continue trabalhando em prol da prosperidade do tempo, e você encontrará mais energia, limpidez e felicidade ao longo da jornada.

Aproveite,

Pedram Shojai

AGRADECIMENTOS

Sou eternamente grato à minha linhagem pela sabedoria que me foi passada. Dr. Carl Totton tem sido um amigo, mestre, mentor e patrono desde que eu, ainda rapaz, apareci, por acaso, na sua academia de Kung Fu. Dr. Thomas McCombs revelou-se um tio e professor fantásticos ao longo do caminho. O *Sifu* Share Lew felizmente deixou, após seu falecimento, alguns excelentes discípulos. Sinto-me honrado de estar em tão conceituada companhia.

Minha esposa é companheira e aliada na jornada. Mãe e parceira admiráveis, permite-me ter tempo e espaço para me dedicar a grandes projetos como este. Sol e Sophia são minha inspiração. Buster e Sunshine, meus companheiros peludos e melhores amigos.

Um agradecimento especial a Nick Polizzi, Kevin Gianni, Leanne Ely, Jeff Hays, Michael Lovitch, Hollis Carter, JJ Virgin, Dave Asprey, Michael e Izabella Wentz e todo um bando de amigos maravilhosos "do ramo", sempre amáveis e solidários ao longo do trajeto. Somos mais fortes juntos e é uma honra contar com o seu apoio.

Também sou duplamente grato a Mark van Wijk e Carl Lidahl, por me ajudarem a abrir caminhos. Que aventura tem sido, e vocês, caras, são seres humanos incríveis. Lorenzo Phan e Sean Rivas me ofereceram um apoio inestimável e boas vibrações no decorrer do percurso. Bill Dodge me manteve lúcido e fez as coisas funcionarem. Sou profundamente grato a todos vocês.

Por último, mas certamente não menos importante, estou guardando os meus maiores agradecimentos para a minha família, que tornou tudo isso possível. Farhad e Sonbol Shojai, Homa Hamidi, Shery, Ali, Armin, Sharareh e todos os primos. O que é a vida sem a família? Crescer na nossa "pequena aldeia" nos deu o amor, apoio e sanidade para sermos capazes de sair por aí e fazer o que fazemos. Amo todos vocês.

LEIA TAMBÉM:

Atitudes que transformam
Como vivemos, como poderíamos viver
Anselm Grün

Nem sempre podemos escolher as circunstâncias externas de nossa vida, mas está sempre em nossa mão estabelecer nossos objetivos e trilhar nossos caminhos.

Anselm Grün descreve nessa obra atitudes que nos ajudam a trilhar nosso caminho, um caminho que não nos leve para o exterior, mas para dentro de nós. Segundo ele, com nosso modo de vida, ficamos frequentemente aquém das possibilidades que estão em nós. E por isso, Grün gostaria de convidá-los a descobrirem em si mesmos novas possibilidades que os levem a uma vida plena, à liberdade, à paz e ao amor. Suas capacidades são maiores do que possam pensar, e seu modo de viver não somente os transformará, como também o mundo à sua volta.

Autor reconhecido no mundo inteiro por seus inúmeros livros publicados em mais de 28 línguas, o monge beneditino **Anselm Grün**, da Abadia de Münsterschwarzach (Alemanha), une a capacidade ímpar de falar de coisas profundas com simplicidade e expressar com palavras aquilo que as pessoas experimentam em seu coração. Procurado como palestrante e conselheiro na Alemanha e no estrangeiro, tornou-se ícone da espiritualidade e mestre do autoconhecimento em nossos dias. Tem dezenas de obras publicadas no Brasil.

LEIA TAMBÉM:

A arte de se comunicar

Thich Nhat Hanh

Como nós dizemos o que queremos dizer de uma forma que a outra pessoa pode realmente ouvir? Como nós podemos escutar com compaixão e entendimento?

A comunicação é o alimento que sustenta as relações, os negócios ou as interações diárias. Para a maioria de nós, no entanto, nunca nos foram ensinadas habilidades fundamentais da comunicação, ou a melhor forma de representar o nosso verdadeiro eu.

Habilidades de comunicação eficazes são tão importantes para o nosso bem-estar e felicidade como o alimento que colocamos em nosso corpo. Isso pode ser saudável (e nutritivo) ou tóxico (e destrutivo).

Neste guia preciso e prático, Thich Nhat Hanh revela como ouvir atentamente e expressar o seu eu mais completo e mais autêntico. Com exemplos de seu trabalho com casais, famílias e "conflitos internacionais", *A arte da comunicação* nos ajuda a ultrapassar os perigos e frustrações de deturpação e mal-entendidos, para aprender a ouvir e a ter habilidades de fala que irão mudar para sempre como nós experimentamos e impactamos o mundo.

Thich Nhat Hanh é um poeta, mestre Zen e ativista da paz. Nasceu no Vietnã, mas vive no exílio desde 1966, em uma comunidade de meditação (Plum Village) que ele fundou na França. Foi indicado para o Prêmio Nobel da Paz por Martin Luther King Jr. É autor de dezenas de livros publicados pela Vozes, entre os quais: *Caminhos para a paz interior; Para viver em paz; Os cinco treinamentos para a mente alerta; Eu busco refúgio na Sangha; Meditação andando: guia para a paz interior; Nosso encontro com a vida; Nada fazer, não ir a lugar algum; Felicidade – práticas essenciais para uma consciência plena; Medo – Sabedoria indispensável para transpor a tempestade; Sem lama não há lótus – A arte de transformar o sofrimento.*